JN077052

ミドルシニアのための

日本版

LIFE SHIFT STRATEGY

for middle seniors

ライフシフト戦略

徳岡晃一郎　木村 勝

WAVE出版

はじめに
――果たしてあなたは2027年の職場で生き残れるか？

今回のコロナ禍をきっかけに、これまで一向に進まなかった時差出勤やテレワークが加速し、日本のビジネスパーソンの働き方は大きく変わりました。こうした変化は、ミドルシニアにとって大きな危機でもあり、大きなチャンスでもあります。

「自分の仕事は今後どうなっていくのか」「この仕事をいつまで続けられるのか」など、将来のキャリアに関する不安を覚える一方で、「自分はいったい何をやりたいのか？」「自分の夢は何なのか？」など、テレワークでなくなった通勤時間や隙間時間を使って、仕事や会社、あるいは人生の「目標」や「夢」についてあらためて考え直した方もいらっしゃると思います。

特に大企業に入った多くのミドルシニアの皆さんは自分のキャリアを会社任せにしてきました（そもそも日本企業の多くは、自分でキャリアを考える仕組みになっていません）。

そうした中、今回、図らずも会社から物理的に離れて自分自身のキャリアについてじっくり考える機会が持てたことは、非常に貴重です。

「人生１００年&80歳現役時代」を生き抜いていくためには、こうした「思い」を持って自分なりのストーリーを描いてキャリアをデザインしていくことが重要です。

以前から心の隅に引っかかっていたキャリアに関する小さな欠片が今回のコロナ禍で大きくなり、どうしても解決したいと思わずにはいられなくなったミドルシニアの皆さま、また自分の仕事人生に何となく閉塞感を抱えて不安な中年の危機を感じてしまったミドルシニアの皆さま、ぜひ本書をお読みください。今感じている心の声に向き合うことが将来のあなたを大きく変えていくはずです。

本書は、ミドルシニアのためのライフシフト指南書であり、あなた自身の80歳現役までのライフシフト計画の実行ガイドです。

それでは、まずは２０２７年職場の未来図からあなたのライフシフトを開始したいと思います。

これから5年間でどのような変化があるのでしょうか？

〈注〉ミドルやシニアという言葉は、キャリアを語るうえでよく使われる言葉ですが、その定義はまちまちです。本書では、ミドルとシニアをまとめて、「40歳以上のビジネスパーソン」を「ミドルシニア」と定義し、話を進めます。

40歳は、転職限界年齢と言われる35歳を過ぎ、早期退職の募集対象となる45歳の少し前の年齢です。42・5歳で会社での出世への意欲の割合が逆転し、45歳で「キャリアの終わり」を意識しはじめるという調査（第2章）もありますが、ユングのライフサイクル理論でいうところの「人生の正午」にあたる年齢でもあります。30代まで突っ走ってきた人生の中で、ふと「自分はいったい何者か」「今後どうしていきたいのだ」と悩む「中年の危機」を感じる年代層です。

2027年の職場 ――好きな時間に好きな場所で働く

5年前のコロナ禍で一挙に進んだリモートワークがデフォルトになった。かつては「対面でないと無理」とされていた銀行の対面窓口、リテール保険契約なども技術進歩と業務改革でほぼ100パーセントがリモート対応になっている。

技術的にはリモートで対応できるが、イノベーティブな発想を出すためには、関係者が集まり五感をフル活用した対面でのインタラクティブなコミュニケーションが必要な場合もある。その場合でも以前のようにオフィスに全員が集まるようなことはない。都内各所に無数のサテライトオフィスがあるので、そのテーマを議論するのにふさわしいメンバーと場所を選び、イノベーション創出の場としている。

時間管理基準の労働基準法も全面改正され、ホワイトカラーは皆固定残業で好きな時間に好きな場所で仕事をすることが可能となった。

こうした働き方は、各自が明確な専門性を持ち、自分の仕事の価値を明確に定義し、会社と握ることで初めて成立する働き方である。専門性がなく、自分の仕事の価値を定義できない社員は、契約の土俵にも上がれない。

2027年の組織 ——組織図がなくなりプロジェクトごとに人が集められる

トップマネジメントの方針は、新デジタルツールを通じて瞬時に関係者に伝達されるようになった。そのため、組織はフラット化され、中間管理職は排除された。以前のように役員会の結果が部長にカスケードされ、その結果がさらに課長へ、そして課長が毎週の課内ミーティングでカスケードという伝言ゲームのようなムダなプロセスはなくなった。

組織のありかたも大幅に変わった。

固定的な組織図はもはや存在しない。プロジェクトごとにＡＩがそのプロジェクトにふさわしい人材を選び出しアサインする。プロジェクトにふさわしい人材は社内の人間に限らない。クラウド人材ベースに登録されたスペックから社外の人材も当たり前のようにアサインされる。社外の人材と協働して働くことは今や当たり前になっている。

さらに、プロジェクトにふさわしい人材は日本人とは限らない。グローバルレベルの人材データベースにより、まさにグローバルレベルでの適材適所が実現されている。

　ＡＩによるグローバル人材データベースサーチにサーチされない人材は、今の時代は存在しないも同然である。グローバル人材データベースには、本人による専門性などのキャリアデータはもちろん過去に協働したクライアントからの評価や市場での評価も登録されている。

　ＡＩサーチに検索されるためには、「自分の売り」を積極的に発信し、その領域においてそれなりのポジションを得ていなければならない。

　これは雇用されていても同じである。社内の人材データベースはグローバル人材データベースと連携しており、社員も実質的なフリーランサー化されている。

　グローバル人材データバンクの登録データは、すべて英語であり、ダイバーシティ化したプロジェクトメンバー間のコミュニケーションも当然英語である。英語が働くための最低限の必要条件になっている。

2027年の雇用――80歳現役が当たり前の「人生三毛作時代」の到来

40歳実質定年制が当たり前になっている。入社から定年まで同じ会社に勤めつづける一毛作はもはや終焉し、人生三毛作時代の到来である。

人生三毛作の時代では、90パーセントの人は20代で転職を経験する（最初の3年間で3割の人が1回目のキャリアチェンジを行なう）。

30代までに自分の軸足を定め、40歳で辞めても自力で稼げる力を蓄える。副業はあらゆる年代でもはやデフォルトになっている。

60歳で第二の卒業式を迎える。法律上は70歳定年制になっているが、そこまで1つの会社に勤務しつづける人はいない。

40歳で30パーセントが辞め、60歳でさらに残りの30パーセントが辞める。1社に定年まで勤務しつづけることが高度成長期のように美徳とされることはなく、キャリアの途中で中小企業やスタートアップで花を咲かせるのも普通のキャリアパスの光景となっている。

60歳からは、ライフキャリアを見出し、80歳まで粋なシニアになることが人生三毛作時代の生き方である。

環境変化も大きく、働く期間も長期化する人生100年&80歳現役時代には、自らのキャリアを自分でデザインできる力が必須になっている。

人生三毛作の節目では、社外ネットワークの活用・サポートも必要であり、社外人脈が豊富であることも三毛作キャリアを歩む際の必須の条件になっている。

2027年の人事評価 ――イノベーションを起こす力が求められる

人材評価の考え方も大きく変わった。あらかじめ目標値を定めることができないVUCAの時代には成果主義は機能せず、廃止になった。

つまり、決まった目標を達成することを前提とした評価ではなく、イノベーションを起こす力があるかないかが評価基準の柱に変わった（いい仕事とはイノベーション要素が50パーセント入っているという定義）これにともない評価項目も変わってきている。

「ビジョナリー（事業の将来の展望を持っているか）」「複数の専門性」「社外人脈」「教養（リ

ベラルアーツ)」「学ぶ習慣」「コミュニケーション力」「インスパイア力」などが新しい評価軸になり、「思いのマネジメント(MBB:Management by Belief)」が評価の考え方のベースになっている。

評価の際には、単年度でなく複数年でのイノベーションや個人の成長が評価され、パワハラやメンタル不全の一掃によりハピネスが実現できている。

目の前のことだけをやるジョブ型でも、言われたら何でもやるメンバーシップ型でもない、自分のビジョンを掲げてプロジェクトを立ち上げ、イノベーションを促進していくことが評価になるため、自律自走でないともはや務まらなくなっている。

2027年の人材育成——留学や異業種交流が当たり前になる

業務遂行能力アップの教育からイノベーションを起こせる人材育成への転換が必要であり、人材育成は企業の大きな役割になっている。

イノベーション創出のためにも社外での知の獲得のために留学や異業種交流が当たり前

になっており、他流試合できない人は価値がなくなった。

目指す資格もＭＢＡ（Master of Business Administration）からＭＢＩ（Master of Business Innovation）に変わった。

知のネットワークを活用してイノベーションを共創するためには、常に学ぶ終身知創の習慣が不可欠になっている。

目次

contents

第1章 このままだとミドルシニアは生き残れない——5年後の未来予想図

第2章 ミドルシニアに武器を提供する ――今こそ「日本版 ライフシフト」が必要だ

第3章 〈5つのM①〉マインドセット――行動を変容する

第6章 〈5つのM④〉見える化——経験・知識・スキルを商品化する

第7章〈5つのM⑤〉マルチ化――変化への順応力を高める

ブックデザイン　bookwall
本文DTP&図版制作　津久井直美、近藤真史
校正　小倉優子
編集&プロデュース　貝瀬裕一（MXエンジニアリング）

第1章

このままだとミドルシニアは生き残れない

――5年後の未来予想図

２０２７年の働く環境はどうなっているか？

今、世界は大きく変わろうとしています。まさに時代の転換点です。しかしその中にあって、日本企業も日本という国も世界での存在感を失っているのが現状です。

２０２７年までのこれからの5年間で、何が起き、どのような流れが定着していくのでしょうか？　その中でかろうじてこれまで日本を支えてきたバブル世代をはじめとする40～50代のミドルシニア層はどう対処していけばいいのでしょうか？　時代の転換点にあって、どのようなパフォーマンスを期待されているのでしょうか？　どのように変わらないといけないのでしょうか？

この問いに答えるために、まずは２０２７年に今と何が変わっているのかについて、それにどのように対応すべきなのかについて考えていきましょう。

ミドルシニアとして、あなたは変化の激しい世界に飛び込んで日本を救うのでしょうか？それとも傍観者を決め込んで若い世代に期待を寄せるだけなのでしょうか？

危機感を持つ若い世代が未来に向けた議論をしていくとき、あなたは貢献できるでしょうか？　それとも排除されてしまうのでしょうか？

この章では、時代認識の変化、価値観の変化、経営の変化、人事の変化、企業文化の変化という5つのポイントから、その変化にどのようにミドルシニア層が対応していくべきか、その方向性について議論していきましょう。

1　時代認識の変化

２０２７年までには、企業やビジネスリーダーは日本の地盤沈下を止めるために今の環境を飛び出していく必要があります。そのためには、企業の中核を担うミドルシニアは自分の視界を広げる必要があります。自分の人生後半へ向けておっくうかもしれませんが、時代が変わっていることを受け入れ、時代認識を新たにする必要があるのです。

日本企業を世界の時価総額ランキングで見ると、平成元年（１９８９）から30年にかけて明らかに急落しています。このようなランキングは、今の40～50代のビジネスパーソンが慣れ親しんできたガラパゴス的日本のありよう、すなわちデジタルやグローバルのパワーを取り込めない内向きの工業生産力モデルの限界を露呈しているといえるでしょう。

それでも過去（1960～80年代）の高度成長やバブルの遺産で日本は回ってきたのです。

しかし今や、イノベーションは低迷し、国際舞台で日本の存在感や貢献は希薄化しています。

一方で「論語とそろばん」の良き伝統があるにもかかわらず短期思考に毒され、世界で見直しが進むマネー資本主義の再構築にも乗り遅れています。あと5年も日本の地盤沈下をこのまま見すごすわけにはいかないのです。

①グローバル展開にいよいよ腹をくくる

2027年には、仕事も発想も仲間もすべてグローバルな視野で考えることが求められているでしょう。それが失われた30年を食い止め、新たな可能性を引き寄せる大きなカギです。

現状では、日本では高齢化や人口減少に加えて、経済とイノベーションの低迷が続いています。

自社の内部業務処理・日本人同士だけの意思疎通・ビジネスモデル発想に至らないモノづくり至上主義など、これまでの日本流をかたくなに維持してきてしまったことがその原因といえるでしょう。

「株価が上がらず資金調達ができないため、イノベーションはさらに枯渇する」というダウンスパイラルを今こそ止めるべきです。

慣れ親しんだやり方を捨て、日本流から脱却していく必要があります。まずは海外メディアのニュースや解説を翻訳でも（できれば直接英語で）読む習慣を身につける努力をしてください。英語またはほかの外国語で海外の情報に直接当たれるようになることで、海外の動き、スピードやグローバルなスケール感を肌で感じることができ、意識変革の第一歩を踏み出せるようになるでしょう。

ミドルシニア層も「世界の情報が入って来ない」「英語が使えない」「世界に友だちの人脈がない」など、さまざまな理由を言い訳にしてはなりません。企業の沈没を避け、外国企業のM&Aの餌食にされないようにするには、従来型のマルドメ（まるでドメスティック）なミドルシニアにとどまってはなりません。

②リスク感度、セキュリティ感度、経済安全保障への関心を高める

脱炭素や今後のパンデミックに備えたワクチン開発に見られるような、グローバルな政策議論・地政学リスク対応・国際ルール形成などに、世界的視野と的確な時代認識を持って国際社会の活動に参画していくことが不可欠です。

アメリカの下での平和はもはや保証されていません。特に米中激突のエコノミック・ステイトクラフト合戦（経済制裁や通商規制などを絡めた地政学的国益追求の戦い）が繰り広げられ、経済安全保障が企業戦略の根幹になる時代においては、日本は新たなグローバルな共存のあり方を模索していくべきです。

企業活動をスムーズに進めるためには、欧米や中国の提起する世界観に対して、日本企業として自分たちとの理想の世界をきちんと描き、その創造にコミットし、世界に働きかけて仲間づくり、ルールづくりをしていく必要があります。

また、企業防衛の観点から、それを脅かす政治的リスクやサイバーリスクに敏感になる必要もあります。

そのように自社の動きやすい世界をどのように作り守るのか——それが混迷の時代の世

界の常識としての企業戦略の一丁目一番地です。他国の政治的動きに翻弄されにくい立ち位置を作っていくことが、伝家の宝刀であった経済力が衰えてきた日本には今こそ問われています。

その意味では2027年のビジネスパーソンにはこれまで縁遠かった国際政治面での情報収集力や国際問題に対する理解、世界の人脈が重要になるでしょう。

2　価値観の変化

2027年に向けては、世界的にヒューマニティをベースにしたひと回り大人になった価値観が広がると考えられます。

日本でも、より人に寄り添った人間性を重視する価値観が急速に広がりつつあります。平成の「失われた30年」を通じて、日本人は自信をなくし内向きになり価値観が大きく揺らぎました。なんとかしようと無定見に成果主義を蔓延させ、組織は殺伐となり一体感は希薄化してしまいました。

一方で、令和になってデジタルの進展とコロナ禍という、人を介さなくても済む非接触の世界が広がる中、その反動や過去の反省から人間性重視の価値観が広がっているのです。同時に、欧州はもちろん、アメリカでさえもマネー資本主義の行きすぎが反省されており、美徳、ポジティビティといった人間本来の価値が見直されつつあります。

今のミドルシニアが親しんできた経済的利得至上主義の価値観は修正を迫られています。この価値観に合わせてミドルシニアたちは真っ先に自己変革が必要です。

①自己中心から関係性重視へ

2027年にかけて、殺伐とした自己中心主義が見直され、もっと暖かく人同士が助け合う関係性が重視されるようになるでしょう。

「自分さえよければいい」という自己中心的な発想や行動が平成の30年を通して成果主義の下で進んでしまったという印象は誰しもお持ちでしょう。40~50代の層は実はそれに悩みながらもやむなく従ってきたのではないでしょうか。昭和の時代に青年時代や20代をすごした筆者らも人との関係性を大事にして仕事をしてきた世代であり、人間関係の大切さを痛いほど知っている（覚えている）はずなのです。

関係性とは、他者と共感し折り合いをつけることであり、勝ち組・負け組をはっきりさせる成果主義とは違う価値観がその根底にあります。にもかかわらず、関係性の大切さを気にしながらも、そこにフタをして成果主義の浸透とともに冷たい個人主義に自分を合わせてきてしまったのではないでしょうか。

今後はそんなフタをしてきた思いこそ重要になります。共感や愛着、信頼といった人と人の関係性がより重視されるようになるのです。その潮目の変化に気づかないでいると、成果主義やパワハラマネジメントに慣れてしまったミドルシニア層は、定年後に「キレる孤独な高齢者」になってしまいかねません。

60歳になる前に、現役のうちから人間関係づくりのうまい高齢者になるよう舵を切りましょう。2027年までの5年間はミドルシニアたちは暖かい社会づくりの再構築へ向けて、積極的に発信し参画する心の準備をしておく時間でもあります。

②若者中心から青銀共創へ

2027年には青銀共創の社会が訪れます。「青銀共創」とは、台湾のIT担当大臣であるオードリー・タン氏が、世代間の助け合いを重視する価値観を表現する言葉として使っているものです。

青＝若者、銀＝シルバー（シニア）、という意味で、皆を包摂できるデジタル社会を創っていくには、シニアにも優しいアプローチが欠かせないという考え方です。

シニアがシニアとしての価値を生み出す意欲を持ち、定年後も社会に積極的に参加するのであれば、社会の価値観は世代間のバランスの取れた成熟したものになるでしょう。つまり、安定した社会を構築するには、デジタルの時代こそシニア側の社会参画意欲が求められるのです。

日本経済は若者に支えられてきた面が大きいとはいえ、高齢者がどんどん増える一方で少子化が進む中では、単純に人口でいっても高齢者がより社会を支える側に回る必要があります。

実際、「働けるまで働きたい」という要望は強く、「70歳まで働きたい」という50代が60パーセント程度（明治安田生活福祉研究所調べ。2018年）存在していますし、70歳を超えても元気な方が大勢います。

今後はシニア側もデジタル社会への参画意欲が求められるのです。あなたはそれにどう向き合いますか？　若者にはない価値を提供できる自信はありますか？　新しい価値観を広められるか、追い込まれるかはあなた次第です。

③利己から利他へ

自己中心から関係性重視への変化と重なるのが、自己利益至上の利己主義（selfish）から利他の精神（altruistic）への変化です。この変化は若者のほうから起こっています。

バブルを知らない世代は、社会のため、弱者のためという思いを素直に抱いており、この世代が社会の前面に出て社会の価値観をリードしています。もはや時代はあからさまに他人を利用するような自己利益至上の強欲（greedy）を受け入れません。

２０２７年にかけて世代交代が進めば、企業の主役たちの中ではどんどんと積極的な利他の価値観が広まっていくでしょう。彼らに響くビジョンは、利益の成長、シェアの拡大、業界一位ということではありません。また自社はＳＤＧｓに反する行動をとっていないという消極的スタンスでもありません。

ひるがえって、「他者を助ける」「他者に奉仕する」といった利他の精神にまで、ミドルシニアの価値観は変わっているでしょうか？　いつまでも利己的物欲に染まったままで、他者を押しのけても自分の利益を得ようとしてはいないでしょうか？　他者を押しのけないまでも、弱者の存在を見て見ぬふりをする場合も多いのではないでしょうか？

社会の課題の現実から目をそらさず、利他のためのビジョンを掲げ、具体的なアクションを起こせるような自己変革がこの5年の間に必要です。

④利益重視からパーパス（志）と共通善へ

企業においても価値観の変化が明確になっています。昨今のテーマは成長そのものではなく、どういう成長を遂げるか、その質が問われるようになっているのです。

利益をあげさえすればいいのではなく、社会的に意味ある行ないをともなっていること、脱炭素のエネルギーを使うこと、純粋にグリーンな企業活動やサプライチェーンに見直していくこと、人権問題のないバリューチェーンを構築すること、ＥＳＧに積極的に取り組むこと、ＳＤＧｓに呼応して自社のビジネスを変革することなど、企業利益よりも上位の「目的（パーパス）」が問われているのです。

資本市場でもそういう視点で企業のバリュエーションを行なうようにガバナンスの価値観が変化しています。そういう議論を社内で起こし目標設定に入れ込むには、世界的視野、的確な時代認識、長期目線での共通善の認識が不可欠であり、企業をリードするミドルシニア層にはそういう面での見識や高い志が求められるのです。

あなたはどこまで共通善に向き合って目標設定を行なっていますか？　現状を果敢に変更する志の高いアクティビストになれますか？　中核を担うミドルシニアとしてロールモデルになれますか？

世界の潮目の変化に先んじるためには、新しい価値観でのビジネスにミドルシニアという人生のベテラン勢だからこそ、人としての崇高な生きざまとしての「態度価値」を見せつけるべく、残りのキャリアをそこに活かすべく積極的に手を挙げてほしいものです。

世界の若者はどんどん動いていますし、欧州を中心としたルール形成も進んでいくでしょう。あと5年であなたの目標設定は今とどの程度変われるでしょうか？

3　経営の変化

2027年に向けて企業の著しい変化も予想されます。代表的な変化を以下に挙げますが、こうした変化に乗り遅れることなくついていくことが不可欠です。ミドルシニアとしての経験を活かしてリードできる側面を模索しましょう。

①DX（デジタル・トランスフォーメーション）とAI（人工知能）革命

急速なデジタルテクノロジーの発展が業務プロセスだけではなくビジネスモデルさえも揺るがし、変革が起きているのがデジタル・トランスフォーメーションです。

データを効果的に活用し、個々の顧客の嗜好を把握してパーソナライズしたサービスを提供する。モノの売り切りではなくサブスクリプションのサービスとしてデータを取得し、ほかの企業と連携してプラットフォームを形成する。労働集約型の現場をデータで見える化しRPAなどを用いて自動化していく。データが集まればAIを活用して、予測や診断に活用する。

DX時代に勝つためには、今までのようにただコツコツと仕事をするのではなく、データを集めそれをベースにして、価値提供やムダの削減で効果・効率を高めていく仕掛けを作ることが仕事の本質になっていきます。

このようなデータサイエンスやプログラミングがキーとなる時代には、デジタルリテラシーを上げていくことが不可欠です。何の勉強もしなければ取り残されてしまうでしょう。

②知識創造企業によるイノベーション

イノベーションとは新しく生まれるニーズに対応して自分自身を変化させ生み出すものです。やわらかい頭や心を持っていなくてはイノベーションを生み出すことはできません。

一方でイノベーションは自分の経験から得た暗黙知や今までにできなかったことへの執着・パッションが原動力にもなるものです。日本企業低迷の根底にあるのが知識創造力の喪失と、それがゆえにイノベーションを生み出せずに効率化で凌ぐばかりの縮小均衡経営だったといえます。

40代、50代のミドルシニアになるにつれ、次第に変化への抵抗感が増すのは人の常かもしれませんが、かつての成功体験や身につけてきた常識から抜け出していく必要があります。

自分の中にある（心の奥にしまわれてきたかもしれない）思い・夢を探ってみましょう。それにフタをしてがむしゃらに働いてきた昭和のミドルシニアは多いはずですから、それを解き放つことです。

自分を変えることもできず、自分の中に夢もない、そんなミドルシニアに成り下がってはなりません。自分自身を見つめ直し、自分が本当にやりたいことを見出し挑戦する——そんなキャリア自律の姿勢を取り戻すことこそ、かつての日本のビジネスパーソンたちが豊かに持っていた知識創造力復活のカギなのです。この5年をそんな力を取り戻す時間にあてませんか？

4 人事の変化

5年後の人事はどうでしょうか？

モノづくり・アナログ・国内優先のビジネスを前提として回してきた日本の人事は大き

く変わらざるを得ません。大きく変わっていく人事制度の中で排除されず、受けて立てる力をミドルシニアは今から自ら準備しておく必要があるでしょう。

①メンバーシップ型からジョブ型、そしてビジョン型へ

2019年末からのコロナ禍を受けて、業務のオンライン化が進む中で、役割分担を明確にして効率性を向上させようと、欧米的なジョブに基づいた雇用制度（仕事に人が割り当てられる）が急速に進みはじめました。筆者らは、しかしそれだけでは済まないと感じています。

これから重要になるのはまず職務（ジョブ）ありきではなく、先を見越して、バックキャスティングでいま何をすべきかを考え、そのために試行錯誤する力、つまりビジョンの創造です。プロジェクトを組成し、そこに組織や既存のジョブを越えて人やリソースを惹きつけ、ビジョンに基づいて自らジョブをダイナミックに作り出し、チームでフレキシブルに遂行していく、いわば未来志向の雇用のあり方「ビジョン型」への移行が進むでしょう。

日本企業はこれまで「メンバーシップ型」でした。職務の無限定性を1つの特徴として

各人の役割を設定せず、チームでの役割とその中での担当範囲程度しか決めずに、随時様子を見ながらやっていたのが実態です。

そのためフレキシビリティ、チームワーク、助け合い、仲間意識が醸成され、コミュニティが生きていました。つぶしのきく何でもできるジェネラリストが重宝されていた反面、「プロが育たない」「長時間勤務になる」「人間関係や忖度が重視される」「仕事が人に付いてしまい仕組みやノウハウの蓄積があいまいになってしまう」「リーダーがいない」などの弊害も生じていました。欧米企業の目には「素人集団で、火事が起こるまで何もせず、いざとなったら火事場のバカ力でなんとかすることを繰り返している、学習しない竹槍集団」に映ってきたともいえるでしょう。

その反省から「ジョブ型」がうたわれるようになったわけですが、これはデジタル社会のスピードに追いつくためにも最低限の変化です。このジョブ型の流れは管理職の手挙げ制や選挙制にも通じるものがあります。

すでに一部の企業では始まっていますが、明確なプロジェクトや課題意識とその達成にふさわしい力を持っている人材しか管理職に登用しないのが究極のジョブ型です（もっとも中途採用では当たり前！）。

メンバーシップ型の中で、若手の提案にコメントするだけのプロの力がない薄っぺらなジェネラリストのミドルシニアは通用しなくなります。

そして今後、日本企業がデジタルイノベーションの時代に生き残っていくためには、2027年にはジョブ型から、さらに進んでビジョン型への移行が始まっているはずです。ビジョン型はある意味で、ジョブ型とメンバーシップ型のハイブリッドともいえるため、日本人には向いているように思います。メンバーシップ型に慣れている40代、50代には、率先してビジョン型に挑戦して、若者にはない付加価値をつけていくことができるのではないでしょうか。

②成果主義からMBBへ

成果主義はどう変わるでしょうか。筆者（徳岡）は一橋大学の野中郁次郎名誉教授と一條和生教授とともに「MBB」（思いのマネジメント、Management by Belief）を提唱してきました。詳細は『MBB：「思い」のマネジメント』（東洋経済新報社）という書籍を参照いただきたいのですが、**「何のために自分は仕事をしているのか」「今の担当においてど**

んな夢を果たしたいのか」――そのような自分の目的意識をしっかり持つこと、それをチームメンバーに持たせるマネジメントをすることがMBBです。

これは先に述べた「ビジョン型」雇用の前提にもなり、2027年には、成果主義に取って替わっている可能性が高いと考えます。

成果主義はバブル崩壊後に本格的に日本に導入され、すでに30年ほど経っているものの、「機能していない」という声がいまだに多いのです。その要因として、メンバーシップ型がまだまだ主流の日本では、成果主義との相性が悪く木に竹を継いだようになっていることが考えられます。

それ以上に、成果主義が株主価値増大のツールとして個人に短期的成果を志向させ、モチベーションを著しく下げてしまったことも大きいでしょう。それが仕事本来の挑戦や工夫の楽しみを奪い、上司の評価や自部署の縄張りなど瑣末なことを気にするような小粒な人間（ツブツブ族）を生み出してきたのです。

成果主義で疲弊したミドルシニアには、ぜひもう一度自分を見つめ直して、若手に誇れるビジョンを描いてもらいたいものです。

③転職・中途採用の強化

採用も当然変わってきます。新卒一括採用には若手の失業率を抑えたり同期の絆を育んだりといったメリットがあり、新卒採用そのものがなくなることはないでしょう。しかし、ジョブ型やビジョン型雇用の比重が増すにつれて、グローバル市場で戦うプロ力を持った中途採用の重要性が今後は拡大していくはずです。

プロ力採用と思われる30代の中途採用は年齢別では57パーセントを占めています(リクルート調べ　中途採用実態調査（2018年度実績、正規社員） https://www.works-i.com/research/works-report/2019/midcareer2019.html)。

しかも、デジタルイノベーションで先を行くグローバル企業と競争していくためには、本当のエリート、プロフェッショナルが欠かせません。グーグルは世界中からベスト&ブライテストを集めていますが、優秀な企業がグローバルスケールでの人材争奪戦を展開しています。

日本企業も世界中から優秀な人を集めはじめるでしょう。そんな彼ら・彼女らが40代半ばの中堅層となる2027年までには、勤続年数や入社年次で幅を利かせていた「年だけ重ね社員」のミドルシニアの居場所はなくなっているのは確実です。

早めに市場価値診断テストを受けて、自分の実力にふさわしい居場所、やりがいを見出せる居場所を確保したほうがいいでしょう。日本は基本的には労働力不足ですから、メンツやプライドにこだわらず、今の賃金にしがみつかなければよいのです。

④70歳定年

年金財政の問題から雇用は70歳までの延長が視野に入っています。年金受給者層が引退せずにより長く働くことで、後世への負担を軽減するためには不可欠な措置です。しかし、このことはミドルシニアのモラルハザードを生みかねません。何もせずとも「70歳まで大丈夫なんだ！　ラッキー」と考えてしまうためです。

ゆでガエル化し頭が固まってしまう前、すなわち40代までに、自分のキャリアの方向性、ライフシフトのビジョンをしっかりと持ち、**「70歳までの現役人生をどのようにすごしたいのか」「どのように社会や会社に貢献する価値を生み出すつもりなのか」をしっかりデザインすること、つまりキャリアの再構築が欠かせません。**

そうした自分のビジョンにコミットして、不断に知の再武装をしていくキャリア自律が必要となります。それは会社が施すものではなく、１人１人が大人として責任を持って取り組んでいくべきものです。それを人事部は誘導しサポートしていく必要があるでしょう。

すでに50代になっている層はあと10年足らずで60歳定年を迎えるのを前提に、「あとは余生だ」と高をくくって知の再武装を怠っている可能性が高いのではないでしょうか？　いかに早くライフシフト時代の生き方に舵を切れるかが勝負です。

また、まだ40代あるいはそれよりも若い世代では、70歳まではなかなか見通せないかもしれません。そういう方たちには、ぜひ次の10年を創造して、どんなキャリアを実現するのかを考え準備を始めておくことをおすすめします。10年という時間はあっという間にすぎてしまいます。

5　企業文化の変化

①終身雇用から、終身知創へ

変化の激しいこれからの時代に、終身雇用に変わる概念として筆者は「終身知創」を提唱しています。デジタル化が進み競争が激しくなる中で、リスクを見越し真の安心感を得るためには変化対応力、すなわちレジリアンス（resilience）が必要です。

さまざまな挑戦を受けて立ち、学習する。新しい知識を仕入れ、試してみる。失敗から立ち直る――そのような勉強や経験から学ぶ「実践知」（practical wisdom）がレジリアンスには不可欠です。実践知の懐が深ければ、変化が襲来してきても、しなやかに順応できます。実践知を終身にわたり高めつづけるのが終身知創の生き方です。

新しい価値を生み出しつづけることができ、人からも感謝され活かしてもらえるのです。別言すれば、環境が変わってもいつまでも価値を生み出しつづけるということであり、これが安心感につながるのです。

2027年までには自分の進路を考え、キャリアをデザインし、能力向上の機会を貪欲につかみ取る社員、自己投資に余念がない社員が、真の安心感を得られるようになっていくでしょう。それゆえ変化の時代には終身知創を支えてくれる企業文化こそが終身雇用に取って代わる新しい安心感の源になるのです。さまざまな知識創造のチャンスを与えてくれる組織と、社員がそれに応えて機会を有効活用することで、人生100年時代の安心感が達成されるのです。

「学び直しをしない」「与えられるまで何もしない」「自己投資に金を使わない」――そんな文化に安住して育った社員はRPA（ロボティック・プロセス・オートメーション／事務作業のロボット化）やAIに取って代わられ、年下上司にこき使われ、定年まで持たずに淘汰されるかもしれません。

ここは歯を食いしばってでも、この5年で自己変革を成し遂げることが必要ですし、企業はそこについてくる社員だけを選別するように舵を切っていくはずです。

②集団主義から、個人とチームの共創主義へ

2027年までには、これまでの霧のかかったような密室的な集団主義的組織文化から、より濃密なコラボレーションが進められる透明度の高い組織文化が醸成されていくでしょう。

デジタルとシステムの時代に重要なのは、融通無碍（ゆうずうむげ）さをモデル化し、そのモデルそのものを改善すること。またその改善プロセスを標準化・見える化・デジタル化することで、仮説検証思考を合理的かつスピーディに実施し意思決定していくことです。

そのためにはプロである個人への権限移譲を進め、そのプロたちが集まって「知的コンバット」を行ない、知をスピーディに創造していくことが欠かせません。

そうしたプロたち（ダイバーシティが進んだ多様なメンバーになっているでしょう）の間のチーミング、心理的安全性を確保するリーダーたちの共創、そして部門間連携の仕組みなどで、より大きな議論ができることが重要になります。

今までの集団主義的な組織文化と、それと対になったメンバーシップ型雇用とは大きく異なります。

昭和の時代の工業生産力モデルの時代には、工場の生産性や品質の向上のために、皆が

知恵を寄せ合って助け合って問題を解決し、不断に改善していく文化が大切でした。しかし、責任の所在があいまいになり、忖度がはびこり、合理的判断よりもその場の空気感で物事が決まったり、何も決まらずに先送りされたり、という弊害もありました。それが日本企業に特有のスピードの遅さをもたらしてきました。

この集団主義になじんだまま変化できず、中身が空っぽで、周りに合わせることにしか能がないミドルシニアは、新しい時代の共創の組織文化に貢献できず、居場所が見いだせなくなるのは言うまでもないでしょう。

さあ、あと5年でどこまで自己変革ができるでしょうか？

6　チェックリスト

さて、このようにかなりミドルシニアにとっては不安を掻き立てられるような近未来がやって来ると予想されるのですが、読者の皆さんはそれらを受けて立ち、長いキャリア寿命を確保し、人生100年時代を生き抜いていく準備ができているでしょうか？

この5年間の使いようで、70歳まで「キャリア寿命」を伸ばし、さらに80歳までも現役ライフを豊かにすごせるかが決まってくるといえます。

以下ではまとめの意味で、チェックリストを用意しました。ご自身の今をセルフチェックし、今後の5年間での自己変革に役立てていただきたいと思います。

①グローバル展開：海外メディアの情報を毎週必ず入手している

②公益資本主義：SDGsの指針に沿って、自社でやるべき新しい事業のイメージや具体案を持っている

③経済安全保障の戦い：国際政治の動きをウォッチしており、その観点での自社のリスクや機会を分析できる

④関係性重視：人間関係が豊かだった時代の価値観や行動を若い人たちと共有し導いていく甲斐性や懐の深さがある

⑤青銀共創：年齢差を意識せずに、若い世代の価値観を理解し、共創するフットワークの軽さがある

⑥利他：社会課題の何らかのテーマについて関心を持っており、情報収集や活動への参

画など、何がしかのアクションを起こしている
⑦パーパス、志、共通善：自分は社会のために価値を生み出す志を持ち、仕事を通じて達成しようと意識している
⑧DXと人工知能革命：デジタル社会から排除されず積極的に貢献するために、ITリテラシーを高めデータサイエンスを積極的に学んでいる
⑨グローバル共創：若手のグローバル人材や海外の人たちと楽しくスムーズに仕事をする自信がある
⑩知識創造：自分には定年までに何としてもやってみたい／挑戦したい夢がある
⑪ジョブ型雇用：自分にはプロとして社外で売れる力がある
⑫ビジョン型雇用：自分が成し遂げたいプロジェクトがあり、そのビジョンや夢を発信して皆を巻き込んでいく自信がある
⑬MBB：仕事に臨む際に、与えられた目標（What）にいきなり向き合う（How）のでなく、自分なりに目的意識（Why）をはっきりと持ち、その思いをチームで共有しながら取り組んでいる
⑭転職経験：40代までに転職経験がある

⑮ダイバーシティ：多様な仲間たちをつなぎ、育て、活かしていくのは慣れている

⑯70歳定年：

（1）50代の方……60歳の節目（定年）後のキャリアのために、すでに何らかの準備を始めている

（2）40代以前の方……次の10年にどんなキャリアを作るのかを意識して準備している

⑰終身知創：終身雇用の慣行に安住せずに、普段から知の再武装に時間やお金をケチらずに自己投資している

⑱個人とチームの共創主義：部門のタコつぼに閉じこもらず、会社の中は言うに及ばず、社外にも豊富な人脈があり、情報交換、勉強会、協力などを頻繁にしている

⑲知的でバランスのよい働き方：仕事に情熱を傾ける一方で、仕事以外の自分磨きや家庭や趣味、ボランティアなど幅広くバランスの取れた人生を送っている自信がある

⑳キャリア寿命：人生１００年&80歳現役のための準備を始めている

以上の20問に対して、はっきりとイエスと答えられる数が10個以上あれば、まずまずです。ぜひ1つでも多くのイエスを達成してください。

第2章

ミドルシニアに武器を提供する

——今こそ「日本版　ライフシフト」が必要だ

40代から人生後半のキャリアを強く意識して仕事をする

40代から50代のミドルシニアと呼ばれる方の多くは、今まで会社に言われる通りに仕事をこなし、当たり前ように異動や単身赴任してきたのではないでしょうか。会社にまかせておけば60歳の定年まで大過なくすごすことができ、うまくいけば30代後半で課長に、40代後半で部長になれる可能性がある、といった一定のパターンを前提にしてきたことでしょう。

しかし、このような終身雇用のパターンはかなり崩れてきています。特に危機におちいった会社や新しい会社などは、このパターンを維持するだけの余裕がなく、年齢に関係のない能力による抜擢や終身雇用を前提としない採用が増えています。ただ、働く側のミドルシニアは今までの昭和の時代のパターンから抜け切れておらず、自分の将来にしっかりと向き合っていないのではないでしょうか？

ミドルシニア層の会社員を対象にした大規模調査では、42・5歳で会社での出世への意欲の割合が逆転し、45・5歳で「キャリアの終わり」が意識されはじめます（次ページ図2－1）。つまり、40代後半では半分以上の人が出世もキャリア構築もあきらめているのです。就業者の半数に「不良債権化」するリスクがある、ということなのです。

現在のミドルシニアがぼんやりと何も考えずに会社に勤務し、そのまま60歳を迎えたときにどのような選択肢があるでしょうか？

1つの選択肢は定年を延長して65歳や70歳まで働くことです。

この場合、役職定年を迎えて年下の上司に仕えるようになったあとも、社会や会社に価値を提供しつづけられるスキルやネットワークを持っているのかが問われるようになります。

一方で、今までの会社を退職して別の道を歩むという選択肢もあります。

しかし、60代からの三大就職先はマンション管理人、清掃、工事現場での交通誘導ともいわれています。うまくいってタクシーの運転手です。これでは20代から40年近くつちかってきたキャリアをまったく活かすことはできませんし、経済的にもそれまでとはまったく違う状況におちいることになります。

このような状況は「学び直しができていない」という日本の状況を反映しています。

■図2-1　キャリアに対する意識について

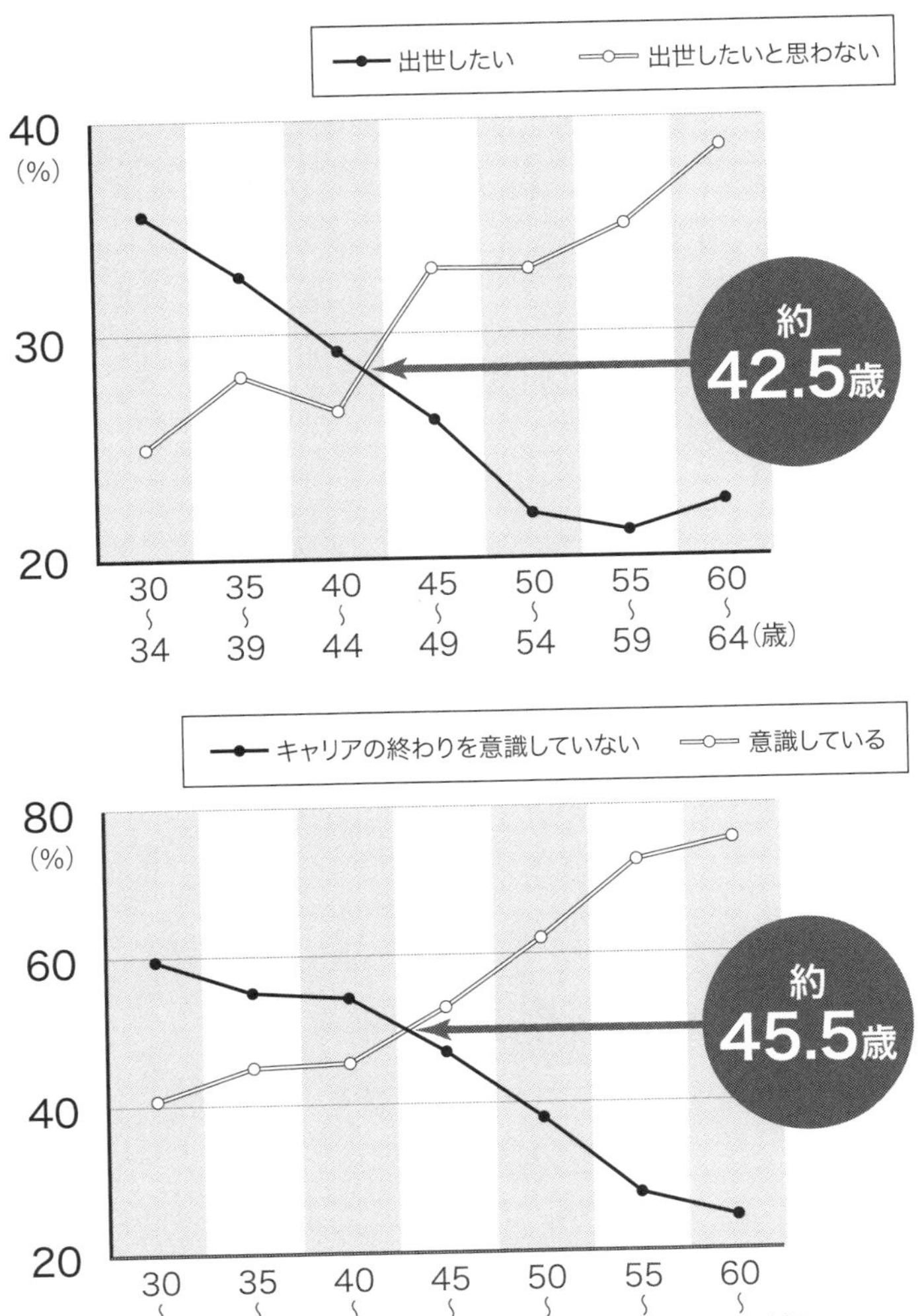

出典：総務省統計局、法政大学大学院 石山研究室×パーソル総合研究所「ミドルからの躍進を探究するプロジェクト」

高等教育機関への25歳以上の入学者の割合を見ると、ＯＥＣＤ諸国の平均が16・6パーセントであるのに対し、日本は最低に近い2・5パーセントにとどまっています（出所：ＯＥＣＤ「Education at a Glance」２０１７年）。

また、社外学習・自己啓発を行なっていない人の割合についても、日本は46・3パーセントと、アジア太平洋地域の中でも突出しています（出所：経済産業省「持続的な企業価値の向上と人的資本に関する研究会報告書」２０２０年、パーソル総合研究所「ＡＰＡＣ就業実態・成長意識調査」２０１９年）。

２０１９年末からのコロナ禍では、40代からの人生の後半のキャリアを強く意識する重要性に気づかされた方が多いでしょう。コロナ禍で在宅勤務が広まる中で、働くことイコール会社に出勤することではなくなりました。「何の仕事をしているのか？」「どのような価値を提供しているのか？」といった点について見える形で成果を出さなければ埋没してしまう時代になったのです。学び直しが当然、重要になるのです。

会社の65歳定年延長をどう捉えるべきか？

70歳定年の努力義務化で、ミドルシニアは会社に居つづけようと思えばそうできるようになっていきます。

しかし、60歳までに会社に貢献できていない人は、定年を延長してもただ会社にぶら下がっているだけになりかねません。会社としては努力義務化を受けて定年延長を認めるかもしれませんが、本音のところは若い人に活躍してほしいでしょうし、若い人に教育予算をかけたいと考えるでしょう。

結果としてミドルシニアは役職だけ外されて野放しにされることになります。人生１００年の時代、現役は80歳まであります。60歳で役職定年を迎えてから20年、70歳で延長された定年を迎えてもあと10年あるのです。

そこで、キーワードになるのは「学び直し」と「選択肢」です。60歳までに学び直しをすることはもちろん、今後のキャリアの選択肢として「自分には何があるのか？」ということを常に見つける努力をしておくことが必要です。

毎年、「自分はこの1年何をしたいのか？」「どのような勉強をしたいのか？」「3年後にはどのような選択肢を持てるようにしておきたいのか？」といったことを常に見直し、それを自分のキャリアの中にビルトインして1年1年をすごすということです。

「ファーストキャリアはセカンドキャリアへの長い就活期間」と考える――人生三毛作論

終身雇用を前提にすると、キャリアというものは人生一度きりです。

定年を迎えたあとのキャリアが「おまけのキャリア」ということではさみしくありませんか？

ここでも発想の転換が必要です。筆者は**20代から30代をファーストキャリア、40代から50代をセカンドキャリア、60代以降をサードキャリアと考える「人生三毛作」**を提唱しています。

40歳でいったんキャリアを区切ってファーストキャリアを終わりにし、その後セカンドキャリアに移り、60歳になった時点でまたそれまでのキャリアを見直したうえで、セカンドキャリアを続けるのか別の道を進むのか決断するという、20年ごとのサイクルでキャリアを考えようというものです。

40歳というのは会社におけるキャリアでも経験が蓄積され、肩書もそれなりについて、まさに脂がのってくる頃です。その時期に無理をしてでもいったん自分のキャリアに区切りをつけることが得策だと考えます。

そのまま流されて同じ会社にとどまったり、または同じ仕事を続け、「気がついたら定年間際」ということになってしまうのを防ぐためです。

40歳前後で退職して別の会社に転職するのもありですし、同じ社内にいたとしても転職同様違う部門や職種、あるいは国内外の関連会社に出向するなど、新たな挑戦をして幅を広げるのもありです。

この40歳で区切りをつける「バーチャル定年」までのファーストキャリアは、セカンドキャリア以降の土台として使うのです。そういう意味で、このバーチャル定年は、「仕事を通して自分がどのような価値を生み出しているのか?」を自らに問うきっかけになります。

第1章で紹介した終身雇用に変わる「終身知創」がまさにここで活きてきます。変化を見越し、挑戦を受けて立ち、学習し、新しい知識を仕入れて活かすという終身知創ができている人は、ファーストキャリアを生かしてセカンドキャリアに移っていくことができるでしょう。

さらにセカンドキャリアを60歳前後まで続けたら、今度はサードキャリアです。しかし、多くの人は今のキャリア観の下、40歳の節目を何もなしに通過しているのでファーストキャリアが続いています。それゆえここに至ってハタと、「自分はこの先なにをしたらいいのだろうか？」と悩みはじめる人が今は大半でしょう。

すなわち60歳でセカンドキャリアを考える状態ですが、はっきり言ってこの場合の選択肢はかなり限られてしまいますし、またこの歳で会社を離れる勇気は持てない方が大半です。すると法令上の「誘い」もあって、ここでもズルズルとファーストキャリアを続けてしまいがちになるのです。

このような方は会社のお荷物、いわゆる「年だけ重ね社員」になりかねません。そして65歳で定年を迎え、その後路頭に迷う結末になりかねません。

自分が60歳前後でまだセカンドキャリアに迷っている方は、50代のうちに60代以降の自分のキャリアをしっかり考えるキャリア研修やライフシフト大学での学び直しが必須です。

60代以降のキャリアの設計をすぐにでも始め、会社に「いてほしい」と言われるような自分の役割を再設定するのです。

一方で、すでにセカンドキャリアを積んで、60歳前後でサードキャリアを迎える人は選択肢が大きく広がります。そこでいい選択ができれば、今度は80歳の現役卒業まで一気に行ける可能性が高くなるのです。

中小企業や地方の企業では圧倒的に人手不足ですし、地方の行政機関やNPOやNGOなどの経営ノウハウや専門ノウハウ不足で苦しむ団体は多数存在しており、大企業で苦労してつちかったナレッジがとても重宝されるからです。

このように**キャリアの節目を自分で作っていくことこそがキャリアを自らの手でコントロールしていく「キャリア自律」なのです。**

自分で定める40歳の「バーチャル定年」とあわせて、セカンドキャリアの節目と重なる「役職定年」もキャリアの棚卸しをする好機です。

役職がなくなり、給料が下がり、そのうえ年下の元部下が自分の上司になったりすると大半の人は落ち込みます。年下の上司も会社も、年齢の進んだ社員には何か仕事を頼むのにも、教育や指導していくにも腰が引けるものです。

ある会社の社内調査では、ポストオフ後の社員に対する職場の見方は、「アドバイザー的な役割しか担わず、オブジェのようになっている」「グチが多い」「古臭い価値観や保守的な考えを押しつける」といったものでした。企業活力研究所の調査でも、「ベテランと仕事をしていて困ること」として、「過去の肩書や経験に固執する」「柔軟性に欠ける」「自分で事務作業や書類づくりをしない」などと、耳の痛い声が聞こえてきます（企業活力研究所2012年調査）。

それに対して、シニアの中には「給料相当に適度に働く」「もう先が短いから、周りと連携することなく勝手に行動する」という人もいるかもしれません。または「周りからの意見を聞き入れない雰囲気・視線があり、ほかの世代とは孤立感を感じる」という方もいるでしょう。

このような状態におちいらずに人生三毛作において60歳からのサードキャリアを充実したものにするためには、役職定年を長い人生を豊かにする節目を与えてくれたものとして前向きに捉えたいものです。

ベテランロールを考える

このように役職のポストオフを迎えたり、60代以降のサードキャリアでもしっかりと企業内で活躍していこうとしている方は、自分の存在意義を再定義すると同時に、それを現実化するための手段が必要です。

役職定年後も「ご隠居老人」にならないためのツールとして推薦したいのが、次のステップとして自分が果たしていくべきベテランロールを見つけることです。このベテランロールには、「レジェンド（生き字引）」「コネクター（世話人）」「イノベーター（永遠の開拓者）」の3つのパターンがあると筆者らは考えています。

レジェンド（生き字引）とは、その道の専門家・職人であり、長い歴史を語れる存在のことです。専門職、ベテラン、知の宝庫、会社の基盤再構築といった役割が考えられます。

国内でつちかった技術・スキルの海外での実践・指導・継承、後進育成やグループ・関係先へのスキル・ノウハウ・暗黙知の伝承、開発品質・サービス品質の抜本的向上やコンプライアンスの徹底順守など、企業としての基盤固めといった分野で活躍できるでしょう。

近年、日本の企業では「現場力が落ちている」といわれています。また、働き方改革のあおりを受けて、足元でのナレッジの整理や共有が疎かになってもいます。その結果、事故や不祥事、同じミスを頻発する、生産性が落ちるなどの弊害が多発しています。

こういうときこそ、地味な仕事ではあるかもしれませんが、手が回らずに苦労している若手を支援する意味でも、シニアの出番なのではないでしょうか。

コネクター（世話人）は、長いキャリアで培った人的ネットワークや人間関係力をベースに、顧客開拓や組織内で「ノウフー」「ノウハウ」の達人となり、若手に人脈を紹介したり人間関係での問題を調整する存在です。

顧客維持・拡大、社外講演、キャリアアドバイザー、コラボ先との縁結びなどといった役割が考えられます。また、組織間や顧客との間のトラブルや懸案事項について人間関係を活かした火消し役も若手にとっては大変助かる存在ではないでしょうか。

通常のレポートラインを離れ、全体最適の視点からの提言やルールの徹底指導による組織力強化・活性化、会社を代表してＳＤＧｓ、ＥＳＧなど社会課題解決に貢献、経験と専門性を活かし、積極的なロビー活動を通じた国際基準やルール形成への関与という活躍も期待できます。

イノベーター（永遠の開拓者）は第一線の若手では賄いきれない案件を中長期的な視点で扱う存在です。

若い人はトップラインを伸ばすのに忙しく、腰を落ち着けて重要なことをじっくり考えていくには不向きなこともあります。そこでシニアが重要案件のプロジェクトリーダー、手つかずの抜本的問題解決、長期戦の仕事、ニッチだけれども重要なテーマなどを中長期的な視点から補っていくのです。

ＡＩやＩｏＴなどの最新技術を用いた業務革新、特定分野のエキスパートとして、これまでつちかった経験・専門性・人脈を駆使した難易度の高い課題解決や業績拡大、産学・産官連携、ベンチャーとの共創による新技術・新事業の創出といった可能性があります。

マネジメントの力を磨いてきたか？　それとも単なる調整係だったのか？

役職定年後の働き方を考えると「課長や部長といった役職に就くほうがかえって不利になるのではないか」という考え方もあります。「管理職に就きさえしなければ実務担当として仕事を続けることができるためスキル低下のおそれがない」というのがその理由です。

この考え方は半分当たっていると言えます。「部下のマネジメント」が名ばかりで、単にチームの上に乗って調整だけしてきたような人であれば、役職に就かなかったほうがマシでしょう。役職名がとれたら、それこそコピー機の使い方すらわからないような若手に敬遠される人になってしまいます。

「役職につかないほうがいいという考え方は間違っている」といえるのはどのような人でしょうか？

それは会社やチームに付加価値をもたらしたり、問題解決の能力を示したりできる人です。それまで役職に就いていたことで、一般の社員とは異なる会社全体を見渡す目やスケール感がつちかわれているはずです。

大きな課題に体を張って挑戦していれば、役職定年後でも、部門間の交渉スキルや会社の将来についてのより明確な展望を持ち合わせていることを強みに、大きなビジネスのプロジェクトに参加したり、アドバイスを提供したりできるでしょう。

課長時代や部長時代、単なる調整役としての「名ばかり管理職」ではなく、その職責に向き合い自分の将来のキャリアのリソースとしてどのような案件に携わり、どのように貢献してきたのか、という実績が役職定年後にはっきりとするのです。

当然ながら、社外に出る際も「自分は○○のプロジェクトをこなし、○○のスキルやノウハウに自信がある」と具体的に説明できる人と、自分は「課長をやっていました」としか言えない人では、エンプロイヤビリティ（雇われる力）に差が出るのは当然です。

「高い技術やノウハウを教えてもらえる」「人生の経験者で良きアドバイスがもらえる」「人脈を持っている」「面倒見がよく包容力がある」「クレーム対応などのコミュニケーション力」——先ほど挙げた企業活力研究所の調査では、「ベテランと仕事をしていて良いこと」についてこのような点が挙げられています。

これらはまさに「人を動機づけて動かし、インパクトを生み出す」というマネジメント本来の姿を実践した方の力量でもあります。**調整役ではなくマネジメントとしての力を磨いてきた人は役職定年後もこのような強みを発揮することができるでしょう。**

役職定年は突然訪れるものではありません。事前にわかっているものです。ですから、仮に50代後半で部長を降りる前に、65歳までの10年弱の間に自分はどのような役割を担っていきたいのか、どのように力を発揮していきたいのかを考え、マネジメントポジションにいる間に磨けるスキルを磨いて準備していくのが賢いキャリアプランなわけです。

「80歳現役」を目指すキャリアのコンセプト

ここまで、「ぼんやりと人生の前半をすごしていると、自分のキャリア寿命を縮めることになる」ということについて見てきました。それでは、キャリア寿命を維持するためにどのようにキャリアを作っていくべきなのかをここから見ていきましょう。

今の日本に必要なシニアとは？

まずどのようにライフシフトしていくべきか考えましょう。

「自分の食い扶持を稼ぐために80歳までは何でもいいから働ける仕事に就く」というのも確かに選択肢の1つです。たとえば「マンション管理人をやってそこそこのお金を手にできればいい」ということです。あるいは、働かずにゴルフ三昧で余生をすごすというのもその人の自由です。

ただしここで、個人としてのライフシフトの選択だけではなく、日本という社会全体に対してミドルシニアが担うべき役割についても考えていただきたいと思います。

個人としての好き嫌いにかかわらず、ミドルシニアがもっと社会の前面に出て価値を生み出していくという役割を自覚する必要があると筆者は考えています。いうまでもなく、日本では少子高齢化が進み、社会を担うべき若い人の数が減っています。人口減少を理由にイノベーションが停滞すると日本経済全体が停滞していきます。

このような状況の中で、ミドルシニアにはもっと活躍してほしいと思いますし、ミドルシニアが活躍しなければいけないフィールドは広がっています。日本全体のためにも、ミドルシニアが完全に一線から退くのではなく、日本を支えていってほしいものです。

マクロ経済的に日本を見ると、人口が減少し、経済力も世界の中で相対的に下がっていきます。この日本の中で何もしないということは下りのエスカレーターに乗っているのと同じことです。個人としては何もしないほうが楽かもしれませんが、「日本を支えるという観点からはそれでいいのか」という自覚を持つべきだと思います。

ミドルシニアの1人1人がこのような考えを持たない限りこのマクロ経済のエスカレーターは上昇方向には反転しないでしょう。

また、若者が見ているということも意識すべきです。何もしないミドルシニアばかりが増えていき、自分たちばかりにすべてが押し付けられる状況は若者の目にどのように映るでしょうか？　そんな国でイノベーションを起こしていこうと奮い立つ気持ちが起きるでしょうか？

これからの日本に必要なシニアは、先にも挙げた通り、終身知創ができ、日本を元気に明るくしたいと考え、自ら人生三毛作に進んでいくミドルシニアです。昔のように60歳でキャリアを終えることはできないということを自覚し、価値を生み出しつづける存在である努力をしていく必要があるのです。

人間というのは、生物として生きているだけではなく、社会的側面を持って生きています。昔は生物としての生命を終えるときと社会的生命を終える時期がほぼ一致していたかもしれません。

しかし、今は人生100年の時代です。

生物的な寿命が延びている中で、昭和のキャリア観で生きていては社会的な寿命とのギャップが生まれてしまいます。この社会的な寿命を自分なりにコントロールすることが必要です。

このような観点からも終身知創をキャリアのコンセプトに据えていくべきでしょう。「少にして学べば、則ち壮にして為すことあり。壮にして学べば、則ち老いて衰えず。老いて学べば、則ち死して朽ちず」（佐藤一斎『言志四録』）。この精神を身につけたいものです。

ライフシフト大学生の悩み　――なぜ受講するのか？

筆者（徳岡）が経営するライフシフト社ではライフシフト大学という講座を開講しています。

1期5カ月で、人生100年&80歳現役を見据え、中高年の学び直しの場、人生を豊かにするための視野拡大の他流試合の場を提供しています。ミドルシニアを中心に20名から25名程度が毎期、受講していますが、共通している受講理由はある種の視点転換という「シフト」の問題意識です。

1つの問題意識は、仕事だけに目を向けていたところから、ライフ全体に視点を「シフト」させたいというものです。「今まで会社で一生懸命働いてきたが、最後に自分が辞めるときに何が残るのだろうか？」「会社のためやお客様や上司のためではなく、自分のために何をしてきたのだろうか？」「自分個人としてどのように成長したのか、何を達成したのか実感を持ちたい」――受講生たちはこのような思いを持っています。

それまでの人生やキャリアを振り返り、ほかの人のキャリアの話を聞くことで、自分が達成してきたことを整理し理解していきたいということです。

さらに、人生全体を考える中で、趣味や海外旅行などを通して見聞を広めたり、家族とすごす時間を持つなどバランスのとれた生き方が大切になるという思いはあるものの、「仕事に追われて、仕事以外のことに手が出せない」「どのように何をしたらいいのかわからない」という方もいらっしゃいます。今まで仕事一辺倒だった生活から、人生全体を見つめ直したいという問題意識です。

もう1つは、「自分のためではなく皆のために自分を活かしたい」という「シフト」の問題意識です。今までは出世や昇進、昇給などによって自分の成長度や達成度を測っていたかもしれません。しかし、「家族のため、世の中や人のために何かをしたい」という意識のシフトが、ミドルシニアの中には生まれています。

会社の中ではどうしても短期的な利益を追求せざるを得ない事情もあり、皆のために何かをする場やチャンスがありません。誰かの役に立っているという実感を持つためにNPOに携わったり、副業でボランティアをしてみたいという気持ちが生まれているのです。

さらに、「社内から社外への目を広げなくてはならない」という「シフト」の問題意識の方もいます。将来のキャリアについて考えていく中で、今まで仕事に没頭してきたために「社内の人としか付き合ってこなかった」「専門以外の分野について知らない」ということに気づく方が多いのです。

会社を卒業したあとのことを今から考え、幅広い分野のことを知り、社外の人とのつながりを構築し、仲間を作っていかないとまずいという危機感に目覚めた方々です。

このように仕事中心、自分のため、社内だけ……という内向きのキャリアに疑問を持って、「シフト」を模索しようとする人がライフシフト大学には集まっているのです。異業種のさまざまな受講生が一緒になってキャリアについて学び合う中で、次に何を求めるのかが明らかになってきていると感じます。

これこそが終身知創であり人生三毛作の考え方なのです。このようなことに気づき、それを自分事として考える人が増えてきているのは、未来の日本にとってとても頼もしいことです。

今の会社に対する向き合い方

さて、自分の中での「シフト」を経験し、人生100年&80歳現役に向けて心がまえがしっかりできたところで、会社が旧態依然の（しかしほころびの目立つ）終身雇用を前提としていたらどうすればいいのでしょうか？

そもそも論として会社組織のありかたにかかわらず、自分個人として終身知創や人生三毛作を実現していくためにどのような心がまえでいるべきなのでしょうか？

「Will（やりたいこと）、Can（できること）、Must（すべきこと）」という考え方があります。「Will（やりたいこと）とCan（できること）がMust（すべきこと）と合致していると、それは適材適所であり本人のモチベーションも高まる」という考え方です。

ただ現実的には、Must（すべきこと）が先にあって、そこにWill（やりたいこと）とCan（できること）を合わせていくというのが今の働き方でしょう。

今後問われるのは、この考え方をライフシフトの理論に合わせて発展させた「Will, Can, Create」であると筆者は提唱しています。つまり、「自分が追求したい夢や自分の能力（WillとCan）を結びつけたときにどのような仕事が提供できるのか？」「どのような価値創造（Create）ができるのか？」といった視点です。

このような観点から、会社はMust（やるべきこと）を与えてくれる存在なのではなく、会社を利用して自分がしたいことを創造していく（Create）という会社との向き合い方が必要になるでしょう。

人事部はどうサポートできるか？

70歳定年の努力義務化によって、会社としては好むと好まざるとにかかわらず、70歳までの就労機会を提供しなければいけない環境になってきています。法律ではそうかもしれませんが、会社としては「即戦力が欲しい」「若い人をこれから育てたい」というのが本音でしょう。

社員の生産性に真摯に向き合っている数少ない会社では、ミドルシニアに対して60歳をすぎても会社に貢献できるように支援したり激励している会社もあります。ただ、大半の会社の人事部としてはそこに手が回らず、60代や役職定年後のミドルシニアに大過なくすごしてもらうようにほったらかしにしているのではないでしょうか。

シニアやベテランにどのような仕事をしてもらうと、会社全体として相乗効果が出るのでしょうか？

第1章でもご紹介した「青銀共創」の環境を人事部としても作っていく必要があります。つまり、青（若者）と銀（シニア）の世代間の助け合いを重視し、シニアが価値を生みだす意欲を引き出し、シニアにも参画を求めるというものです。

シニアが若い人をうまくサポートし、若い人がやり切れない部分を補ってあげることで、青銀による価値創造が可能になります。シニアに担ってもらうべきベテランロールをうまくあぶり出し、若手や会社のニーズとうまくマッチングしていくことが人事部には求められます。

自信を持ってライフシフトに踏み出すための自分への問いかけ

ここまで、人生100年&80歳現役の中で、人生三毛作に向けたキャリアの区切り方や捉え方、終身知創の重要性について見てきました。それでは、自分のキャリア自律に向けて、ミドルシニアは今から何に取り組んでいけるのでしょうか？

さまざまな方法や切り口があり、自分にあったやり方を模索していただくことが重要ですが、考えのベースになるいくつかのヒントをご紹介していきます。

NSNI（残るならしっかり、残らないなら急げ）の選択

NSNIの選択は60歳以降のキャリアを考える際のヒントになります。

自分の実力、思い、会社からの期待、会社の実態を分析したうえで、「70歳まで定年延長して会社に残りたいのか」「残れそうなのか」「会社に残らないのであれば自分は何をしていくのか？」といったことを決めていこうというものです。

「70歳まで会社に残る（NS）」決断をしたのであれば、その中で「自分はどのようなベテランロールになるのか？」という方針を決める必要があります。ベテランロールをしっかり検討し、その道においてシニアの中でもピカ一の存在を目指すべきです。それが「しっかり残る」という意味です。マイスタークラスのレジェンド、コネクター、イノベーターを目指して、若者のロールモデルになってください。

「残らない（NI）」と決めたのであれば、新たな選択肢として自分はリンダ・グラットンが提唱している「エクスプローラー（探検者）」「インディペンデント・プロデューサー（独立生産者）」「ポートフォリオ・ワーカー」のどのタイプを追求していくべきか、早い段階から考えていく必要があります。

社外でプロとして通用するためには準備が必要であり、早めに決断しソフトトランディングを試みましょう。ライフシフトにおいては「いきなりびっくり大成功！」は期待しないほうがいいのです。

エクスプローラー（探検者）とは、選択肢を狭めずに世界に目を向け、さまざまな機会を活用して人生をエンジョイする生き方のことです。新しい経験を積んだり、旅をしたりしていくことで、より多様な見方や視野を得て新しい自分を発見していくのです。

インディペンデント・プロデューサー（独立生産者）とは、組織に雇われずに独立した個人事業として生産的な活動に携わり、専門性を究めていく生き方です。会社にいる間に専門性を身につけ、それをベースにプロとして自立して生きていくことになります。

ポートフォリオ・ワーカー（複業家）とは、複数の仕事や社会活動、教育、勉強、趣味などに同時並行で携わる生き方です。

すべてのタイプに共通しているのは、自分らしさを追い求め、積極的にライフスタイルを模索していく姿勢です。**「70歳まで会社に残らない（NI）」のであれば、三毛作目に向けて50代までのうちに自分の目指すべき方向性を見据えていく必要があるということです。**

あなたはNSコースかNIコースか、ご自身の位置取りをどう考えていますか？

変身資産でセルフチェックする

変身資産とは、自分が変わろうとするきっかけや原動力となるものです。筆者は次の5つのファクターで測っています。

①マインド……変化に対して前向きでいる精神力
②知恵……変化を読んで活用する実践力
③仲間……変化の中で助け合って知を生み出す友
④評判……変化の中で埋没しない信頼とアピール力
⑤健康……変化を乗り切る基礎体力

これら5つの変身資産が自分に備わっているかをチェックすることを提唱しています。それぞれの変身資産の内容を具体的に次ページの図2－2に示しましたが、これらの変身資産は時間をかけてしか養われません。そのため、最も効率的に養うには、今の仕事をし

■図2-2　5つの変身資産

1	マインド 変化に対して前向きでいる精神力	1	ポジティブマインドセット	環境の変化に柔軟に対応し、なんでもまずやってみようと明るく捉える姿勢
		2	未来への思い	未来の自分や組織のビジョンを描き、自らリードしようという姿勢
		3	チャレンジ精神	課題を避けずに少し背伸びしてでもなんとかしようと、取り組む姿勢
2	知恵 変化を読んで活用する実践知	1	知識・経験	常にアップデートされた自分の専門といえる知識と幅広い経験
		2	スキル	課題解決を推進するために必要不可欠な能力
		3	教養	未来へ向けて自分のビジョンを描く際の基軸となる明確な価値観
3	仲間 変化の中で助け合って知を生み出す友	1	親しい友人	自分のライフシフトの夢や悩みを相談できる親友・心友
		2	ビジネスネットワーク	ライフシフトの相談に乗ったり、応援してくれそうな今の仕事関連の友人・知人のネットワーク
		3	ソーシャルネットワーク	相談に乗ったり、応援してくれそうな今の仕事とは関連のない世界での友人・知人のネットワーク
4	評判 変化の中で埋没しない信頼とアピール力	1	発信力	自分の考えや発想を明るく発信し、他者と積極的にからんでいこうとする力
		2	共感力	相手の気持ちを汲んで、アドバイスや協力をし、助け合おうとする力
		3	影響力	自分の得意分野を持って、それを軸に社会に貢献できる力
5	健康 変化を乗り切る基礎体力	1	運動	80歳まで現役力を保つための運動能力
		2	食事・睡眠	80歳まで現役力を保つための健康のバランス
		3	こころ	80歳まで現役力を保つためのこころのケア

ながらこれら5つの変身資産をつちかっているという目的意識を持ち、常に棚卸しすることが重要になります。

仕事をしていると逆に減ってしまう資産もあることに気をつけましょう。

たとえば、ソーシャルネットワーク資産や健康資産は仕事の時間とバッティングしがちです。勉強や読書嫌いの方は知恵資産が積めません。特に、コロナ禍のニューノーマルでは、「先が見えない」「表面的な関係性に終始している」「在宅勤務で出歩かなくなった」といったさまざまな不安要素が出てきていますが、これに対処していくものとして、変身資産の重要性はますます高まっていると言えるでしょう。

あなたは今の仕事環境、生活環境の中で、どのように変身資産を養っているでしょうか？

以上、ライフシフトの検討や選択に当たって重要な考え方を述べてきましたが、特にこの変身資産を伸ばしていくために必要なドライビングフォースが「5つのM」、すなわち、マインドセット、ミッション創造、学び（リカレント）、見える化、マルチ化になります。

第3章以降では、この5つのMについて詳しく解説していきます。

第3章

〈5つのM①〉マインドセット

――行動を変容する

「5つのM」とは？

変身資産を伸ばしていくためのドライビングフォースが「5つのM」です。「マインドセット」（M①）からスタートし、「ミッション創造」（M②）、「見える化」（M④）、「マルチ化」（M⑤）のサイクルを回していきます。中心に位置する「学び」（M③）が、ほかの4つのMに推進力を与える燃料役を担います（図3－1）。

■図3-1　サバイバルキャリアの達成

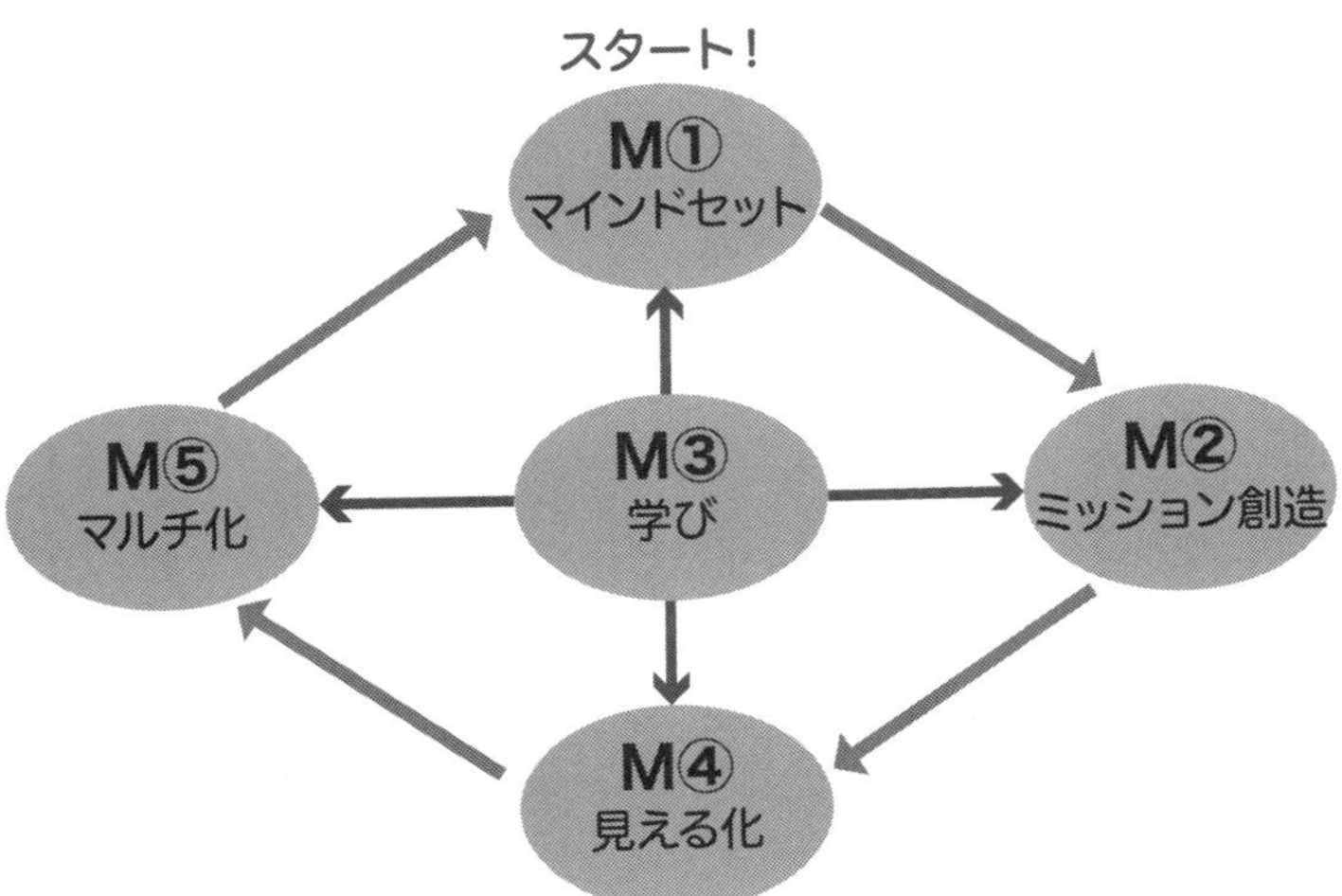

行動変容のきっかけとなる出来事（イベント・ノンイベント）を見逃さない

皆さんもテレワーク中、こんな経験をしたと思います。

「Ｚｏｏｍのスピーカービューに、発言者が大きくクローズアップされ、いやが応にもその存在は目立つ。その一方で、オンライン会議で発言がない者は、通常の会議以上に存在感がなくなる。在宅で毎日何を行なっているかわからず成果の報告もなされない。こうしたメンバーのチーム内での存在感はガタ落ち。逆に、肩身の狭さを感じながら育児・介護を理由に早めに退社していた時短勤務者がテキパキと仕事をこなし、高い成果を上げる——」

テレワークは、残酷なまでに仕事そのものの価値とその仕事を担う人の役割を「見える化」しました。

テレワークの導入・定着で、従来は評価されていた働き方・仕事の方法の価値がこれからは相対的に落ちていくことを想定しておく必要があります。

◎台風襲来の際には、這ってでも出社し、非常時の対応要員として存在感を示してくれた

◎若手が参加したがらない土日の会社イベントにも嫌な顔せずにいつも参加してくれていた

◎毎回会議に必ず出席し、積極的に発言はしないが、うなずきにより暗黙の同意を示してくれた

ミドルシニアが、得意としてきたこうした行動は、職場にいるからこそ皆に見えていました。仕事の成果には直接結びつかなくても総合的に勘案し、その人の処遇が決まり、周囲もその処遇に微妙ながらも納得していたケースが多かったのです。

しかしテレワークが定着するにつれ、これらの行動が周囲に認識される機会は減少します。その結果、「給与水準と仕事の成果が見合っていない」という周囲の疑問が顕在化し、このギャップがいわゆる「働かないおじさん」問題につながっていきます。

これはミドルシニアに限った話ではありません。

ただミドルシニアの場合、勤続年数を重ねるとともに非定型・非定常業務の比重が増えるため、職場の環境づくりなど業務に直結しない面で勝負せざるを得ない事情もあります。そうなると、テレワークという働き方は、（もちろん人によって異なるものの）ミドルシニアにとっては概して、向かい風になりかねません。

その風は、今後強まることはあっても弱まることはありません。ミドルシニアの皆さんは、このことを覚悟しておく必要があります。

一方で、今回のコロナ禍経験は、多くのサラリーマンにとってこれからの自分自身の働き方を改めて考え直す大きなきっかけになっています。

実際にデータにも表れています。日経によるアンケート調査（「転職への関心高まった」6割に　コロナ禍で急上昇ビジネスパーソン700人調査（上）2020年9月12日　日経電子版）を見るとコロナ禍を経験し、約6割が「転職への関心が高まった」と答えています（次ページ図3－2）。

自宅で取り組める副業にも注目が集まっています。

もちろん残業代の減少を副業で補填するという実利的な側面はあるかと思いますが、新型コロナの影響で行動が制限される中、国内フリーランス人口はコロナ禍以降6割増の1670万人になったという調査結果もあります。

テレワークを経験したビジネスパーソンは、1日中フル稼働していたと思い込んでいた自分の仕事時間の中にかなりの隙間時間が存在することや朝夕の通勤時間の無意味さに気がつきました。こうした実質的に増えた可処分時間を自分の生き方・将来の方向性を探る内省の時間やこれからのキャリアチェンジのためのリカンレント（学び直し）の時間に使うビジネスパーソンが増

■図3-2　コロナで転職への関心が高まったか？

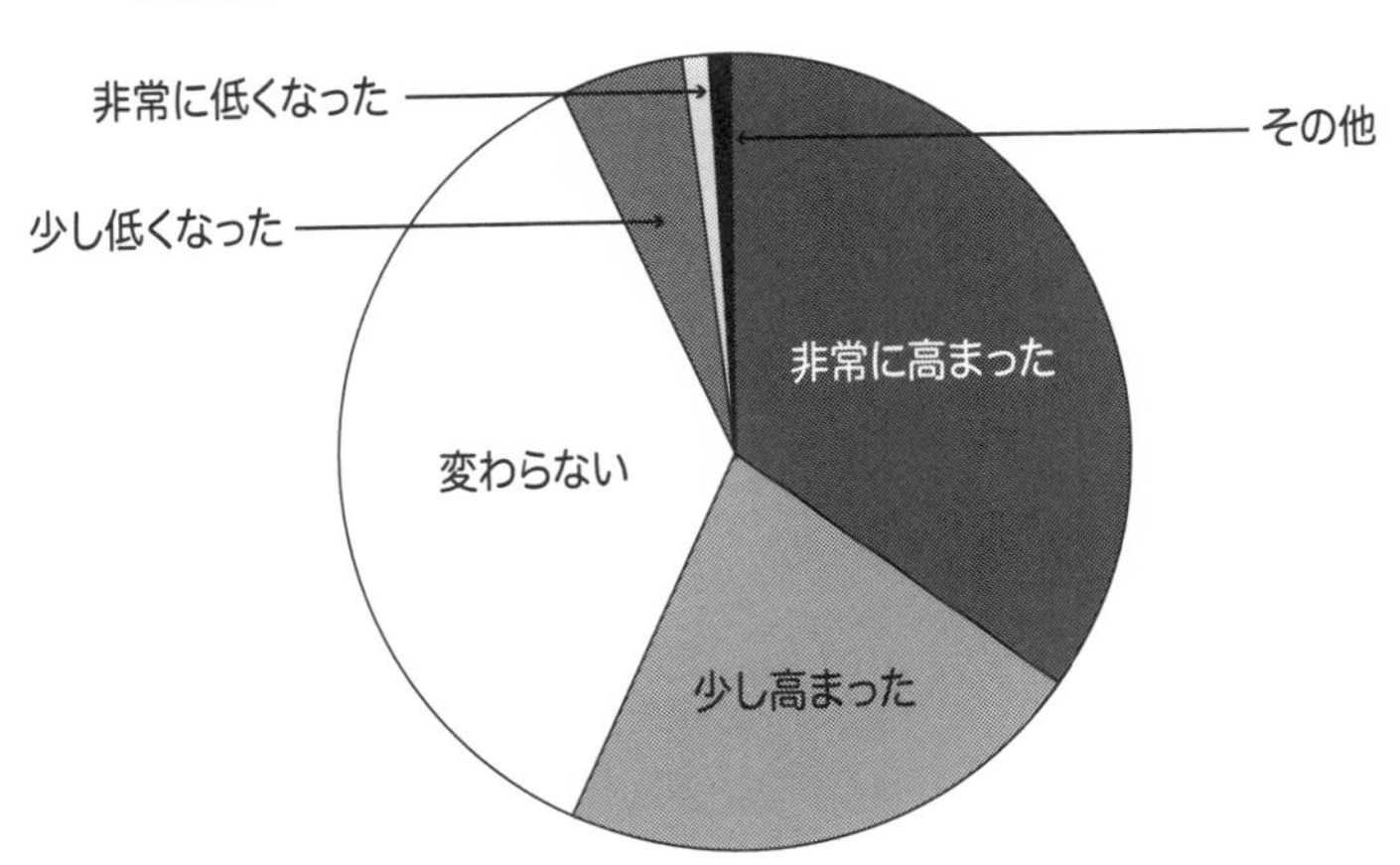

出典：「転職への関心高まった」6割（「出世ナビ　あしたのマイキャリア」2020年9月12日
https://style.nikkei.com/article/DGXMZO63571120Y0A900C2000000/

えていることが先ほどの調査結果の背景にあると推察されます。

「ライフシフト」――変身資産こそ自分の価値であると考える

竹は1日に1メートル近く成長することもありますが、固い節目で一区切りつけて成長が止まります。この竹の節目が、竹のしなやかさ・強さを支えています。竹の節目は成長の軌跡であると同時に再出発（リスタート）のポイントでもあるのです。

キャリアも竹と同様、節目の連続で成り立ちます（次ページ図3－3）。

今回のコロナ禍も大きな外的環境が変化する大きな節目でしたが、実際今回のコロナ禍で自分の役割、仕事のやり方、仕事観が大きく変わってしまった方は多いかと思います。キャリアの節目は、役割、人間関係、アイデンティティさえ変化させる不安な時期でもありますが、新たなステップを踏み出すための行動変容の絶好のチャンスでもあります。

キャリアに関しては、四六時中「キャリア、キャリア！」と考えるつづける必要はあり

■図3-3　キャリアを節目で考える

- ▶キャリアは節目（転機）の連続から成り立つ
- ▶節目では役割、人間関係、アイデンティティさえも変化する
  不安な時期もある
- ▶古いものから新しいものに移り変わる
- ▶節目を乗り越えるプロセスを経て人は成長する

- ▷竹の節目は「成長できる点」
- ▷状況を冷静、客観的に受け止め、自己肯定感を持ち、チャンスを生み出していく思考や行動が重要

ません。

しかしながら、今回のコロナ禍のような外的変化、あるいはご自身のキャリアの中で節目となるイベントが起こったときに、それをそのままスルーすることなく、意味あるものと捉え、そこで一度立ち止まってじっくり考える機会を持てるかどうかで今後のキャリアが決まります（予想していた出来事が起こらなかったことも「ノンイベント」としてキャリアの節目です）。

今回本書を手に取られたあなたは、今回のコロナ禍、あるいはご自身のキャリアの節目（たとえば、人事制度の見直し、早期退職募集、役職定年など）に接し、何か心に引っかかりを感じる、あるいは何かモヤモヤし

たものを感じて、「どうしてもそのままスルーすることができない」といった感覚をお持ちなのではないでしょうか。

ぜひ、あなたが感じた変化の兆しを次ページの図3－4に書き留め、その変化に対してどう行動すべきか、思いつくまま記入してみてください。

今回コロナ禍等を通じてあなたが感じた違和感をどう解消するかがあなたのキャリア戦略の柱になります。

キャリアの節目は不安な時期であると同時にチャンスのタイミングです。ぜひ、この機会を積極的に活用して、皆さんご自身のキャリア資産を積み上げていくキャリア戦略を作ってみてください。

リンダ・グラットンの『ライフシフト』（東洋経済新報社）では、3つの資産「生産性資産」「活力資産」「変身資産」を取り上げていますが、特に「変身資産」の重要性が強調されています。

91ページの図3－5のように、「生産性資産」と「活力資産」を使って、収入、生きがい、楽しみを獲得し、変身資産を使ってさらにキャリアのバージョンアップしていくイメージ

■図3-4　変化の兆しを行動に変える

		気づきのきっかけとなった出来事
気づいたこと	働き方の変化	
	役割の変化	
	仕事の変化	
	心境の変化	

取るべき行動
・
・
・
・
・

です。

変身資産をライフシフト資産として蓄積していくためには、変身資産の重要性を十分理解しておくことはもちろん、「変化をチャンスと捉える変化指向性」「小さな変化も見逃さない変化感受性」もポイントになります。

これからは、この変化に対応できる変身力自体が将来のあなたの将来価値になります（次ページ図3－6）。

今までは入社した会社で定年まで勤めあげることが美徳であり、実際に鉄壁のキャリア戦略でしたが、これからの時代は違います。外部環境の変化に対してしたたかに

■図3-5　「ライフシフト」を実現するために重要な要素

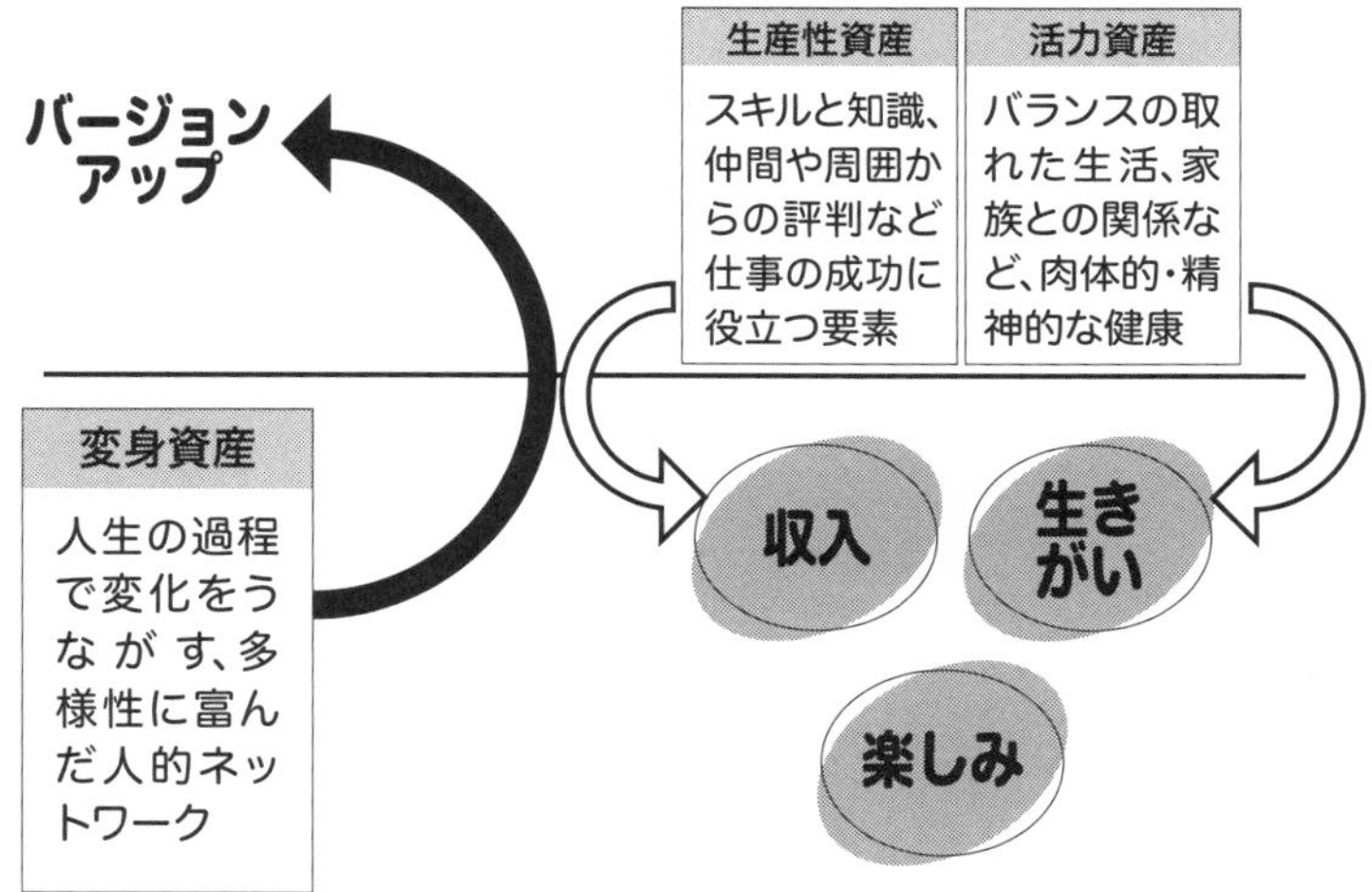

対応していく変身資産をどう積み上げていくのか、人生100年時代を生きるカギを握ります。ライフシフト大学では、リンダ・グラットンのコンセプトを基に変身資産を詳細かつ日本の環境に即して第2章で述べたように再定義しました。ぜひ『40代からのライフシフト実践ハンドブック』（徳岡晃一郎著、東洋経済新報社）を参照してください。

「転職経験がある人ほど、高年齢の就労率が高い」というデータもあります（労働政策研究・研修機構）（次ページ図3－7）。「人生100年＆80歳現役時代」には、「変身資産」をいかにキャリアの節目を逃すこと

■図3-6　変身資産の有無がこれからのキャリアには重要

■図3-7 転職経験がある人ほど、高年齢の就労率が高い

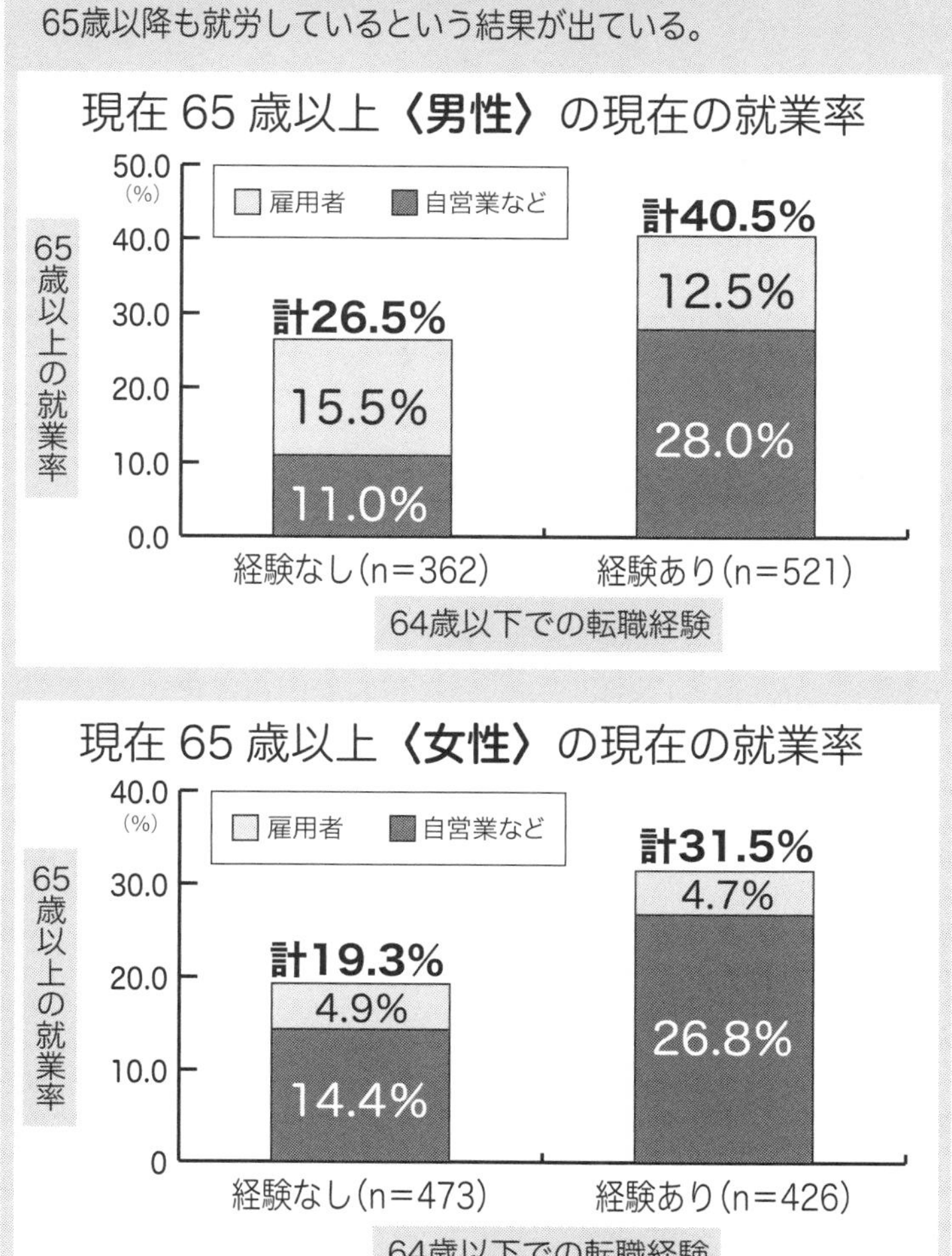

なく積み上げていくかがポイントです。

「現状維持・原状復帰」は明らかな後退！

筆者らは、長年自動車業界で仕事をしてきましたが、ご承知の通り自動車業界では、自動運転対応、ガソリンから電気への動力源シフトなど、20世紀初頭に登場したT型フォードからつい現代まで100年を超える時代の総変化量を凌ぐほどの大変革の波が押し寄せています。

テスラの時価総額がトヨタ自動車の時価総額を超え、アップル、ソニーなど従来考えられなかった異業種企業が自動車の世界にエントリーしてきています。まさにゲームチェンジの時代です。

こうした大変革の時代に対応すべく日本の人事制度も現在見直しを迫られています。日立製作所、富士通をはじめとして、**メンバーシップ型からジョブ型人事制度へのシフトが進みつつある**ことは、ニュースでもよく耳にするところです（次ページ図3－8）。

■図3-8　メンバーシップ型とジョブ型

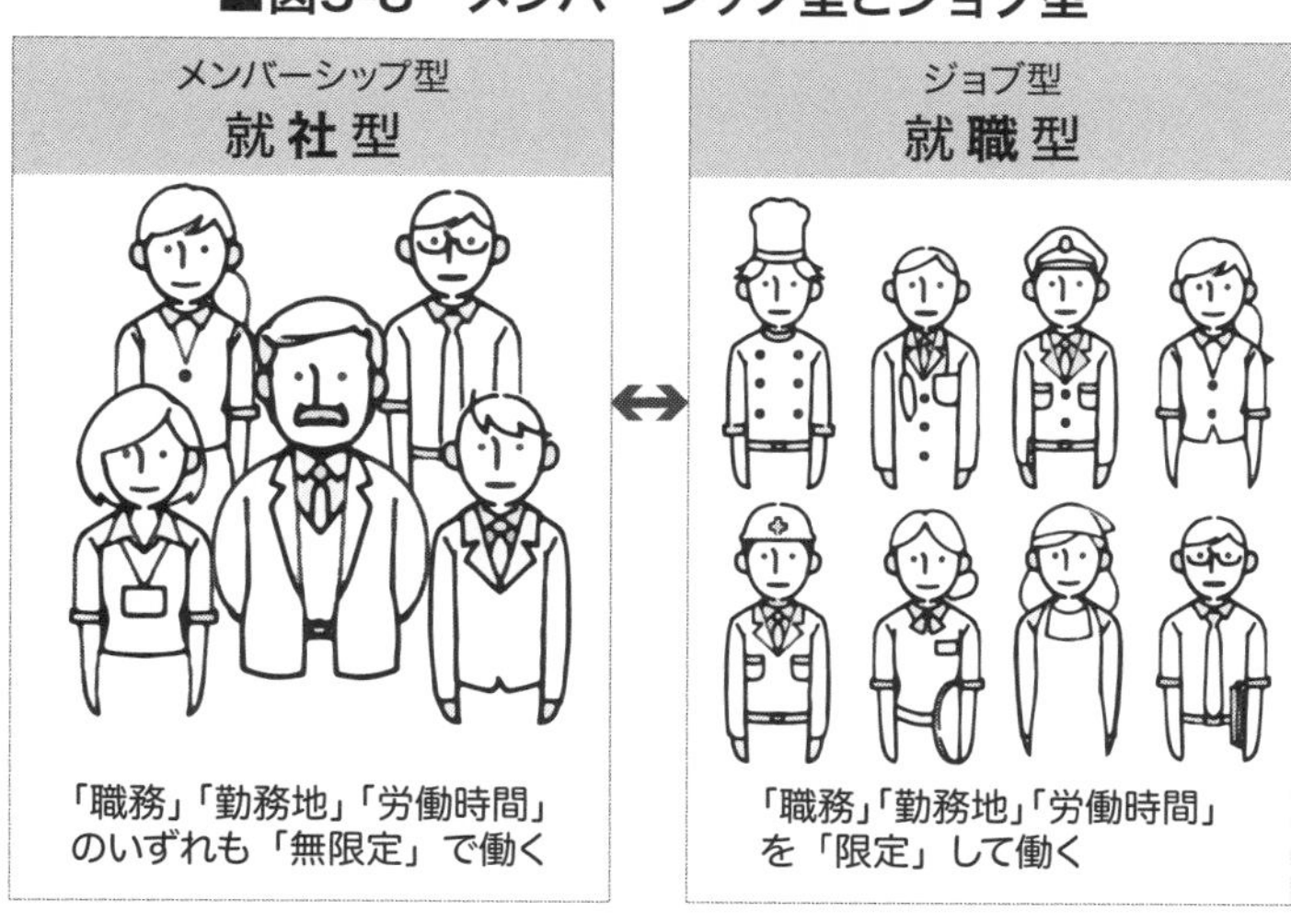

ジョブ型の本質はポスト管理にあります。そのポストに要求される要件を決め、その要件を充足する人物をそのポストにアサインすることが基本です。

働く側のキャリアに関する考え方・スタンスも変えていく必要があります。そのポストへエントリーするかしないかを決めるのは、基本的に働く側です。

従来は、会社の命じるまま、勤務場所、職種を問わずに転勤していたところですが、これからは異動が必要な際には、自ら手を挙げる社内公募の実施が前提となります。会社としても従来の異動システムを変える必要があると同時に働く側も自分のキャリアは自分で切り開くという自律的キャリアデザインマインドが必要とされているのです。

こうした話をすると、「うちの会社は、昔ながらの会社だから、メンバーシップ型を堅持するだろう」とか「ジョブ型の会社に行くことはないから自分には関係ない」と考えるビジネスパーソンがいらっしゃいます。しかしながら、そうした前提はいともたやすく崩れてしまうのが最近の状況です。

多くの企業のさまざまな領域で生き残りをかけた「選択と集中」が行なわれています。選択と集中とは、自社の強みや領域を選び、そこに資金や人材などの経営資源を集中的に投入することで、業績アップや経営効率化をはかる経営戦略です。

「選択と集中」戦略というと日立製作所の名前がまず挙がりますが、かつて日立御三家と呼ばれた日立化成の昭和電工への売却は、非中核事業の聖域なき選択と集中の象徴的事例です。

一方、日立化成を買収した昭和電工も既存事業の選択と集中を行なっています。既存のアルミニウム事業を売却し、プリント配線板事業も投資ファンドに売却されることが発表されました。

従来のイメージでは、買収する側の企業は勝ち組であり、そこで勤める従業員は、従来通り〝まず安泰〟という感覚を持っていましたが、これからは買収側の従業員もうかうかしていられません。様相が変わっているのです。

今は安泰に見える伝統的企業に勤めるビジネスパーソンも、今後いつゲームチェンジが起こり、想定外のキャリアチェンジを考える必要が発生するかわかりません。将来の変化を読み切り、少なくとも「想定外を想定内」にしておく必要があります（図3－9）。

今まで積み上げてきた経験をベースに、変化に対応するために常に学び直しを行ない、自らの変身資産をしたたかに積み上げていかなければならないのです。

■図3-9　「想定外」シミュレーション

あなたの会社が外資系企業にM&Aで売却されることになりました。あなたの上司は日本語を話すことができないので、売却までの1カ月の間で英会話スクールに通い、ビジネス英語を速習することを指示されました（費用は会社負担）。あなたはどうしますか?

今回のコロナ禍もワクチン接種が進み、状況が落ち着くにつれ、この状況を一過性の出来事としてなかったことのように元の働き方に戻る企業もあれば、次に続く変化のシグナルと捉え、さらなる変革を推し進める企業もあるでしょう。

人生100年&80歳現役時代を生きるわれわれミドルシニアには、前者の選択はありません。**想定外の環境変化が起こる時代に、「現状維持・原状復帰でよし」とするスタンスは実質的に「後退」であり、「リスク」である**ことを理解する必要があります。

「消化試合」に登板するマインドでは、これからは生き残れない！次年度は「戦力外通告」を覚悟しておく

前節で「現状維持・原状復帰は明らかな後退」という説明をしましたが、このような状況が顕在化する場面が、役職定年、定年年齢を迎えたシニア層の仕事に対するスタンスです。

皆さんの職場にも、役職定年や定年年齢を迎えてモチベーションを下げたシニア社員がいるのではないでしょうか？「働かないおじさん」「妖精さん」などと呼ばれ、揶揄され

■図3-10　キャリア面談年齢別件数（イメージ）

若手世代もシニアの扱いに悩んでいる！

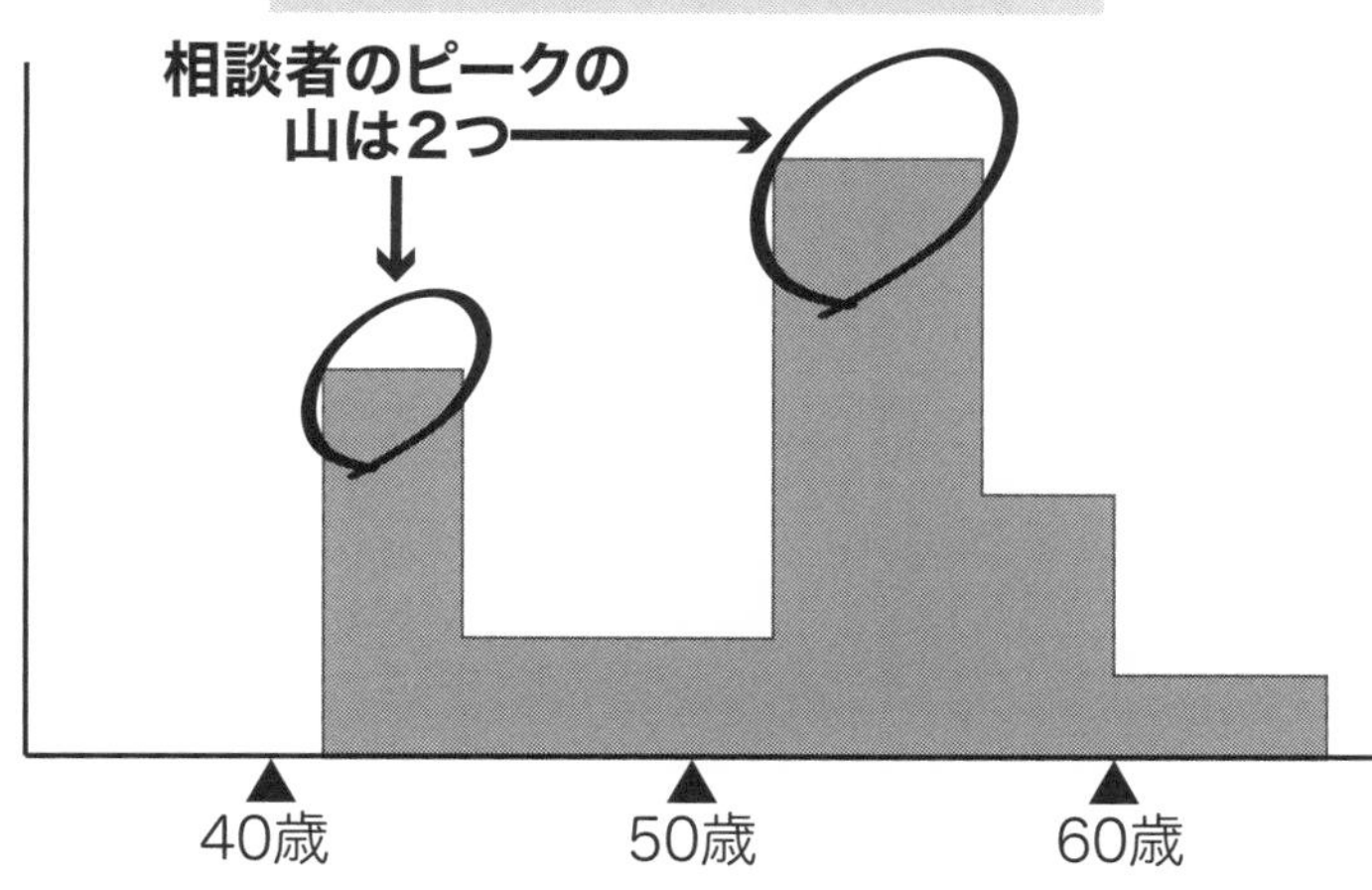

るシニア層です。

筆者も本の読者からの依頼でキャリア面談を行なうことがあります。上の図３－10は、筆者がキャリア面談を受ける年齢別の件数グラフです。55歳時周辺にピークがあるのは、ちょうどこのタイミングで多くの企業で役職定年（役職からのポストオフ）が行なわれるケースが多いからです。役職定年を実際に当事者として迎え、今後のキャリアについて思い悩むタイミングがこの年齢層になります。

もう１つの相談の山が意外にも40歳前半のバリバリの若手管理職層です。

この層は、順調に課長にもなり、将来に何の不安もないように思えますが、そうではありません。「働かないおじさん」「妖精さん」と呼ばれるモチベーションを下げたシニア問題がその背景にあります。

若手管理職は、人事権という強力な武器を行使したくても「のれんに腕押し」でまったく効きません。今後は昇格も昇給もないことはシニア層も百も承知だからです。上司である部長、役員に相談しても、「そうしたベテラン層をマネジメントするのが君の役割」と完全に丸投げ状態。こうした状況が先ほどの面談件数に表れています。

以下は、若手管理職の嘆きです。

「会社は働かないおじさんを解雇できないし、ほかに移すポジションもありません。おじさんたちは仕事へのやる気もなく、ただ定年を待つだけ。頭数としてはカウントされているが、実質的に工数ゼロの働かないおじさんを見て若手はフラストレーションを溜めるのです」

「5年もすれば、みんないなくなると思っていたら、数年前に会社が60歳から65歳へと定年の延長を決めました。ああいうおじさんたちと、これ以上一緒にすごせないと思っています」

「65歳でようやく退場と思っていたら、今度は70歳まで就労機会を提供する必要があるとのこと。就職氷河でやっと今の仕事に就き、毎日遅くまでがんばっているのに、定時とともにいなくなる彼らの存在自体が許せません」

面談を通じて感じるのは、特に「氷河期世代」のシニア層に対する風当たりの厳しさです。「氷河期世代」とは、バブル崩壊後の1990年代後半から2000年代前半、新卒者の採用を極端に絞り込んだ戦後最悪の「就職氷河期」に卒業と社会に出るタイミングが重なっ

■図3-11　「想定外」シミュレーション

超就職氷河期世代の年下上司があなたの直属の上司になることが決まりました。この上司は、成果志向が強く、パフォーマンスを上げられない部下は遠慮なく評価を下げ、異動対象にするといわれています。あなたは、この年下上司にどう対応しますか？

た1970年前半から80年代前半にかけて生まれた人たちです。

この世代が会社の中で中核的な役割を担いはじめていますが、これから「働かないおじさん」に対する風当たりは強くなることはあれ、弱まることはありません（前ページ図3－11）。


話は戻りますが、それではどうしてこのような「働かないおじさん」「妖精さん」が生まれて来るのでしょうか？　それは、シニア層が役職定年や定年到達を長い会社生活でのキャリアのゴールと考えてしまうからです（次ページ図3－12）。

日本のメンバーシップ制は、最後の最後まで限界を見せずに誰もが上を目指してがんばる仕組みとなっていました。新卒一括採用により新入社員は全員横並びで会社の出世レースに参加し、「収入」と「役職」を働くエンジンとしてがんばってきました。

会社の引いたレールの上をひたすら走ってもらうのが組織としての最大のパフォーマンスを上げるための方策でした。会社が引いたレール以外のルートを走られては困ります。ほかのレールがあること、レール乗り換えがあることを気づかせるキャリアデザイン研修などは「百害あって一利なし」だったのです。

■図3-12　ゴールではなくスタートと考える

　こうして馬車馬のように会社人生を歩んできたビジネスパーソンが、役職定年や定年退職で今まで目指してきたキャリアのゴールを喪失してしまい、その結果の表れが「働かないおじさん」の量産現象につながっています。

　しかしながら、役職定年は最近実施の新しい施策ではなく、以前から存在した制度です。

　たとえば、役職定年は、「概ね１９８０年代から行なわれた55歳定年制から60歳定年制への移行に際して、主に組織の新陳代謝・活性化の維持、人件費の増加の抑制などのねらいで導入されたケースと、１９９０年代以降に職員構成の高齢化に伴うポスト不足の解消などのねらいから導入されたケースが多い」

とされています（民間企業における役職定年制・役職任期制の実態――人事院調査）。

にもかかわらず、特に最近「働かないおじさん」が問題視されるのはなぜでしょうか？

それは、働く期間の長期化です。

従来から多くの企業で「55歳で課長職、58歳で部長職ポストオフ」という形で役職定年制は運用されてきました。しかしながら、従来は60歳定年が実質的に機能していましたので、ポストオフしてから定年までの引退期間が2〜5年間と短期間でした。

また、若手が厚くシニアが薄いというピラミッド型の社員構成により、役職定年者自体の絶対数も少なく、「働かないおじさん化」する該当者も少なかったのです。

「最後まで滅私奉公しても悔いなしマインド」の裏には、定年までは雇用保証されるという安心感（＝60歳で全員リタイアするという定年制）と60歳から年金が満額支給されるという制度的な裏づけがあったのですが、以前は前提条件としてうまく機能したシステム自体が今はもはや崩れています。

定年制は、（厳しい解雇規制のある日本での）〝合法的な過剰人員適正化〟手段として絶妙に機能してきましたが、今や単なるキャリアの通過点になっています。従来のように「60歳で全員リタイアして年金生活」というわけにはいかなくなったのです。

これから企業内のボリュームゾーンであるバブル入社世代が役職定年、定年も迎えます。この世代は、前の世代と異なり逃げ切りは不可能ですので、覚悟を持ってキャリアチェンジに取り組む必要があります（図３－13）。

前節でジョブ型について取り上げましたが、これからビジネスパーソンに求められるのは、「自律的なキャリアデザインマインド」です。キャリアに関する考え方を今までとは１８０度変えていく必要があります。

「人生１００年&80歳現役時代」では、役職定年、定年退職から以降の期間が長

■図3-13　これからはシニア層が厚くなる(2030年)

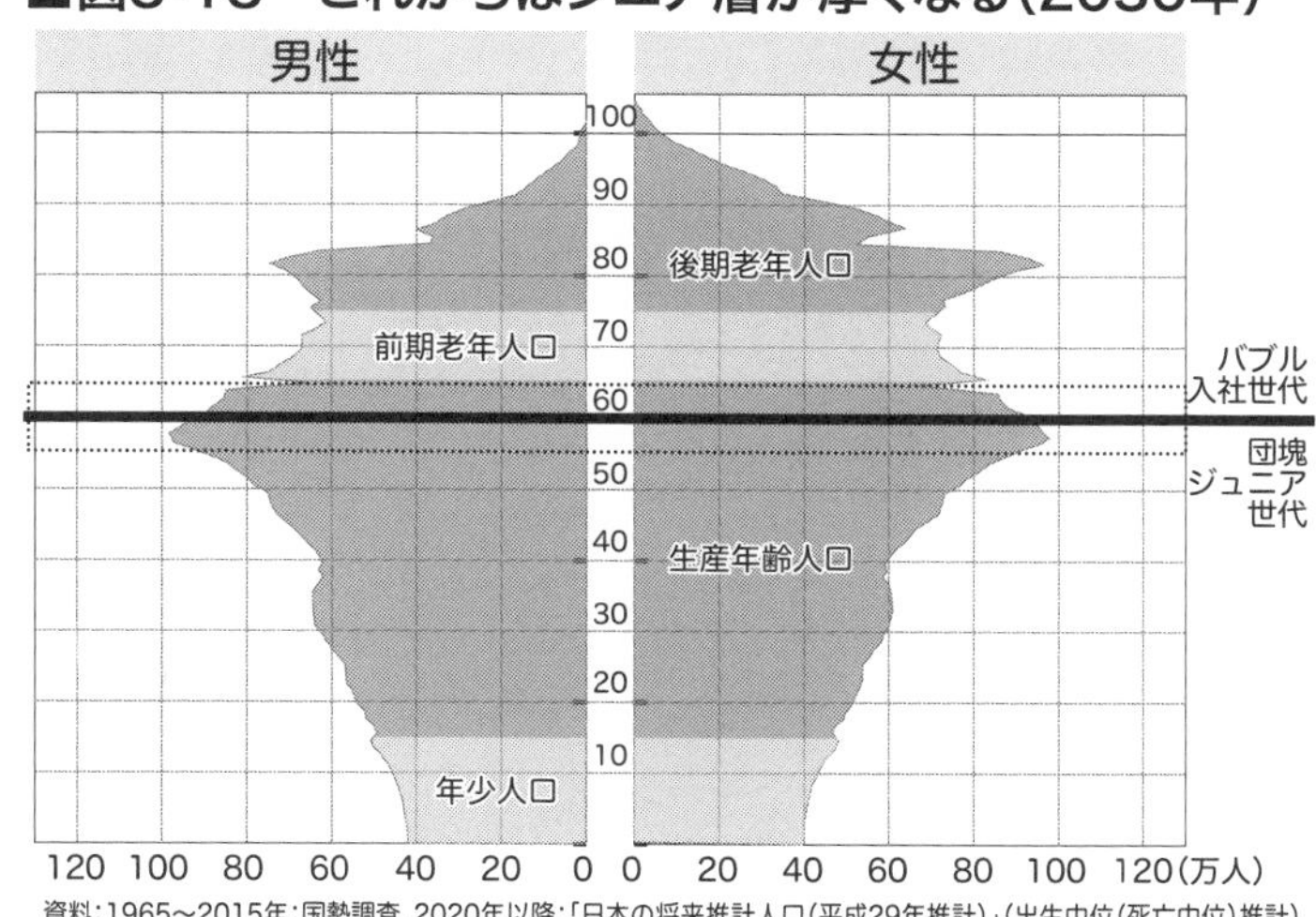

資料：1965〜2015年：国勢調査、2020年以降：「日本の将来推計人口（平成29年推計）」（出生中位（死亡中位）推計）

いのです。

2021年改正の高年齢者雇用安定法改正により、企業には70歳までの就労機会提供努力義務化が課されました。

その一方で企業は、リーマンショック期を超える規模で45歳以上を対象とした早期退職優遇制・希望退職制を打ち出しています。早期退職で抜けた穴は、補充することなく、DX（デジタルトランスフォーメーション）やRPA（事務作業のロボット化）で対応する考えです（図3-14）。

こうした動きは、従来定年退職後の再雇用者にあてがわれていた事務作業がなくなっていくことを意味しています。まさに

■3-14 「想定外」シミュレーション

あなたの会社で、申込期限が今から2カ月後の早期退職制度が導入されることが発表されました。あなたは今回の募集対象年齢に入っています。上司面談でも応募の検討をかなり強く打診され、次年度以降はまったく違う仕事への異動も示唆されています。あなたはどうしますか？

「去るも地獄、残るも地獄」の様相を呈しはじめています。

今までは、役職定年後あるいは定年退職後は、「消化試合」の意識でもどうにか逃げ切ることができました。再雇用となるシニアも少なく、今までの仕事の範囲で戦力外のシニアを囲っておく余裕がまだあったからです。

これからはそうはいきません。変化に気づいたミドルシニアは今から行動を変えていかなければなりません。外部環境の変化がこれだけ激しい中で、従来と同じ考え方でいることとは、大幅な後退になります。少なくとも時代の変化に追随する意識を持って個人の行動変容が求められているのです。

Point

M①（マインドセット）のポイント

- キャリアの節目をスルーしない！
- 「想定外」を「想定内」にしていくことを考える
- 「自分のキャリアは自分で決める」覚悟を持つ

第4章

〈5つのM②〉ミッション創造

――自分の軸を定める

これからのミドルシニアのキャリア戦略は「自律的キャリア戦略」

コロナ禍というかつて経験したことのない働き方の急激な変化は、個人と会社との関係をあらためて考え直すきっかけになりました。

たとえば、「満員電車で毎日時間をかけて会社に通勤する意味は何だったのか」「出社せずにテレワークで仕事ができるのであれば、（雇用されて）社員として仕事をすることと外注先に仕事を依頼するのでは何が違うのか」など、「会社に通勤してオフィスで上司から指揮命令を直接受けて仕事をする」という入社以来当然と思っていた仕事のやり方に対する疑問です。

コロナ禍がなければこうした疑問は10年先でも湧いて来なかったかもしれません。今回、強制的に会社と個人の物理的な距離が離され、距離を置いて会社との関係を見つめ直す体験できたことは大きいです。

次ページの図4－1は、あなたが「変化指向か安定志向か？」を判断するマトリックス

■図4-1　変化志向か安定志向か？／組織志向か仕事指向か？

	変化志向	安定志向
	変化のある環境で新しいことや難しいことに挑戦していきたい	安定した環境で着実・堅実に仕事を進め、身の丈に合った成果をあげていきたい
組織志向　所属組織にコミット　所属組織の秩序の中で組織の成果に貢献したい	新しいことや難しいことに挑戦しながら組織に貢献していきたい	自分のできることを着実・堅実に行なって、責任を果たすことによって組織に貢献していきたい
仕事志向　所属組織よりも自分の仕事にコミット　専門性の習得、発揮にこだわりたい	変化や挑戦を好み、プロフェッショナルとして活躍していきたい	安定した環境で着実・堅実に仕事を進めながら専門性を身につけていきたい

です。

テレワークに親和性を感じたかたは、「仕事志向&変化指向」なのかもしれません。逆に「組織志向&安定志向」の場合には、今回のテレワーク経験は、何となく居心地が悪かったかもしれません。

こうした経験は、「すぎればそれでおしまい」という一過性のものではありません。今回会社と個人との関係で感じたどんな小さな違和感も今後の方向性やミッションを見出すためのヒントになります。

これからのキャリア戦略は、ずばり会社とほどよい距離感を前提とした「自律的キャリア戦略」です。自律的キャリア戦略というとわかりにくいですが、「自分のキャリアは自分で決める」と決意することです。会社の引いたレールに乗りつづけるのではなく、複数の交通手段を準備し、場合によっては路線を乗り換え、場合によっては、複数の交通機関を利用しながら、自分のキャリアを歩んで行きます。

信頼性も高くスピードの速い新幹線を利用することもあれば、ローカル線を利用することもあります。また、のんびりカーフェリーに乗ることもあれば、自家用車を自ら運転して目的地に向かうこともあります。

「私は他人に比べて場所を拘束されずに1人で自由裁量的に仕事をすることが苦にならないタイプだった」「私は常に周囲の人とリアルな接触をしながら仕事をしないとモチベーションが上がらないタイプだった」、あるいは「自分の仕事はデジタル対応が遅れていた。旧態依然とした業務の進め方で今後生き残っていけるのか」「自分の仕事は在宅でも対応可能な業務だった」など、自分の仕事の将来性についても冷静に分析できた方もいらっしゃると思います。

こうした自己理解は、机上のワークでも行なうことができますが、実体験ほど強力な方法はありません。自分のタイプ、担当業務の特徴、自社の変化対応力、デジタルリテラシー(会社&個人）などが図らずも顕在化しました。今回コロナ禍体験を通じて得られた貴重なデータです。

「個人事業主マインド」を持つためのパラボラアンテナを立てる――情報キャッチの

「業界の先行きへの不安」や「テレワークなど柔軟な勤務制度が認められない」など理由はさまざまですが、〝平時〟には考えもしなかった「転職」「独立」といった思いが一度頭の片隅にセットされると、その瞬間からあなたの頭の中の濾過フィルターが変わります。

今までその存在に意識を向けていなかったためにスルーしていた転職や独立といった情報があなたの頭の中にあるフィルターにひっかかるようになります。人間は、自分にとって興味のないものは、視界に入っても情報として受け取りません。逆に、関心のあるものだけを受け取る仕組みになっています。つまり、自分の興味関心というフィルターを通して世の中を見て情報を処理しているわけです。

こうした心理効果を**「カラーバス効果」**と呼びますが、あなたが本書を手に取られたのも、もしかするとこのカラーバス効果からかもしれません。

あなたの頭にセットされたフィルターをさらに強力にして、より幅広く情報を集めるためには、フィルターを頭から取り出して「目に見える」形にすることが必要です。外出しすることでフィルターが情報を幅広くサーチすることができる可動式パラボアアンテナに変わります。

一度パラボラアンテナが立つと、もう二度とキャリアに関する情報を取り逃がさなくなります。また、単に取り逃がさないだけでなく、指向性を持って積極的に情報を取りにいくことができるようになります。このパラボラアンテナを立てるのが、2つ目のM（ミッション創造）です。目標なくして行動は始動しません。①明確な目標が立てられると、②意識が強化され、③行動が変容します。

また、今回のコロナ禍で残業代減少補填という実利的な目的で副業を始めた方もいらっしゃるかと思います。どんなわずかな収入であっても副業体験は、「勤めている会社以外から収入を得る」というブレークスルー的な爆発力を持つ体験を得ることになります。

「1つの会社に長く勤める」「1つの会社から給料をもらう」という当然のことと思いこんでいた前提がこうした「たった1つの経験」を通じて払拭されるのです。

「自分のキャリアは自分で決める」と腹決めすることで、今まで会社という組織の中に位置づけて理解していた自分から、自分を中心にすえて考える視点に転換することができます。図で表すと下の図４－２の通りです。これが第２章で述べたWill, Can, Createへのライフシフトなのです。

会社中心ではなく、自分を中心にして働くとはどういうことでしょうか？

それは、現実は会社に勤めていたとしても気持ちの上では自分で事業を行なっているという「個人事業主マインド」を持ってこれからのキャリアを考えていくというスタンスです。

■図4-2　就社から仕事への意識のシフト

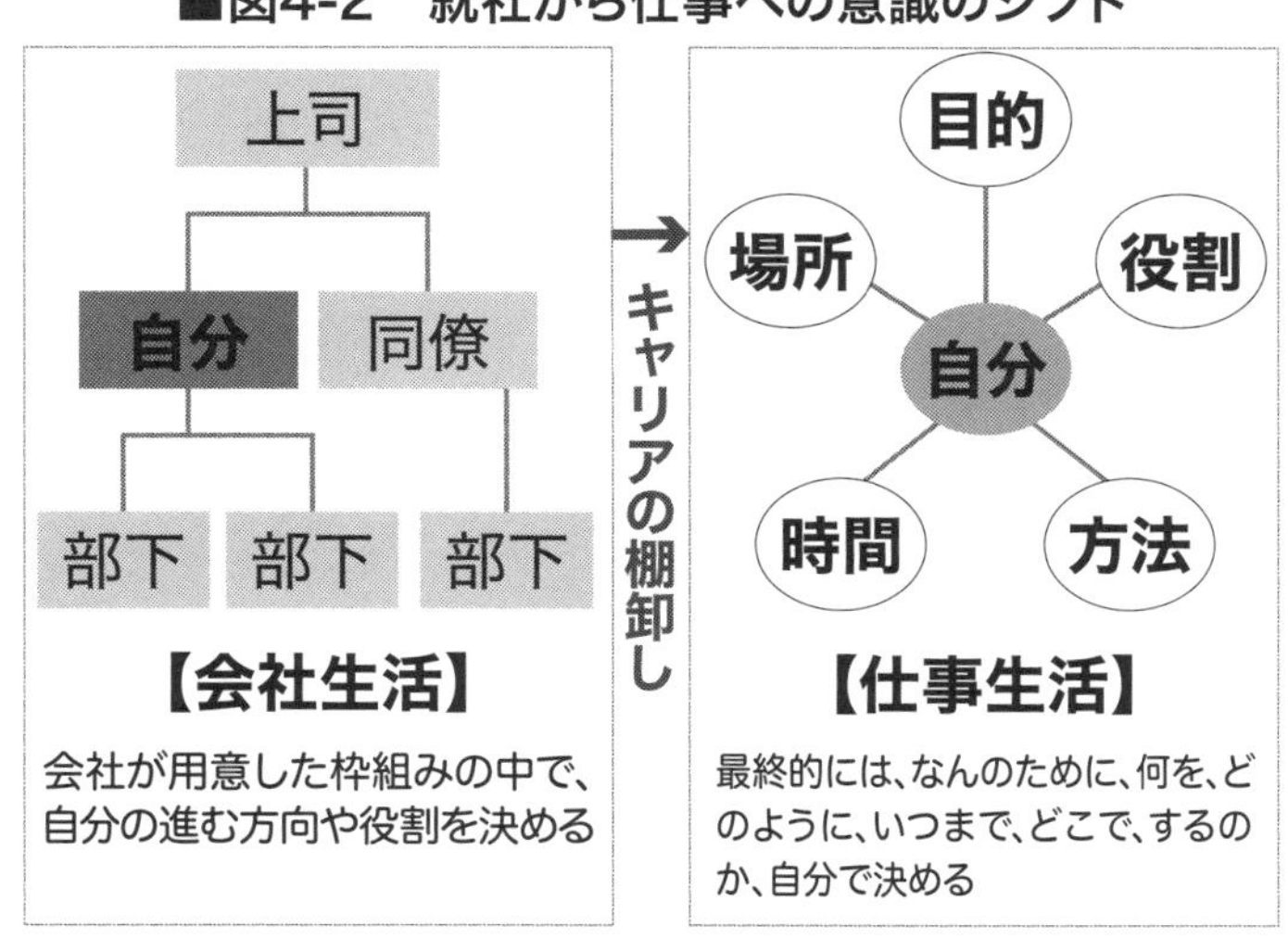

副業の効果は、もちろん収入を増やすという直接的な効果もありますが、この個人事業主マインドをリアルに体感できることにあります。

今回のコロナ禍で多くの方が会社ではなく家で仕事をすることで、会社からの物理的な従属から離れ、（疑似）個人事業主体験を図らずも経験しました。「個人事業主的な働き方」と言っても、表面的な働き方は皆さんが今回体験したテレワークとあまり変わりません。

あなたがテレワークという働き方に親和性を感じたのであれば、個人事業主的な働き方はあなたが潜在的に希望する働き方に実は近い働き方なのかもしれません。

ミドルシニアからのサバイバルキャリア戦略の第一歩は、この「たとえ、雇用されているとしても気持ちの上では、会社と対等な関係で業務委託契約を単年契約で締結している」という個人事業主マインドを持つことです。

自分を中心において「働くこと」を考え直すことにより見える世界も変わってきます。

「自分会社」のミッションを創る

多くの企業は、それぞれ独自のミッションを持っています。ミッションの定義にはさまざまありますが、「組織が果たすべき使命」「社会に対してどう貢献するかという存在意義」を表明したものという定義が一番しっくりくるかと思います。

インディペンデントコントラクター（独立業務請負人：ＩＣ）として働いている筆者（木村）は、複数のタスクを同日内にこなすことも多く、その隙間時間でお世話になっているのがコーヒーショップです。スターバックス、ドトール、タリーズ、ルノアール、マクドナルドなど、東京都内であれば徒歩圏内に数軒は容易に見つけることができます。

どのコーヒーショップも同じと思う方もいらっしゃるかと思いますが、お店の雰囲気はかなり違います。その違いがどこに起因するかと言えば、その1つは各社が掲げるミッションです。

たとえば、スターバックスのミッションは、「人々の心を豊かで活力あるものにするために――ひとりのお客様、一杯のコーヒー、そしてひとつのコミュニティから」。ドトールのミッションは、「一杯のおいしいコーヒーを通じて、お客様にやすらぎと活力を提供する」、マクドナルドのミッションは、「おいしさとFeel-goodなモーメントを、いつでもどこでもすべての人に」です。お店から感じる雰囲気は、これらのミッションに由来するところが大きいことを感じます。

これから人生100年&現役80歳時代を生きるあなたは、たとえ雇用されて働いているとしても気持ちは、「自分会社」を経営するマインドを持つ必要があります。また、「個人事業主マインド」を持ったあなたは「自分会社」の経営者です。コーヒーショップ同様に自分会社のミッションを創る必要があります。

自分のミッションを見つけるためのツールをご紹介します。ライフシフト大学で使用する**「思いのピラミッド」**です（次ページ図4－3）。「思いのピラミッド」とは、未来のビジョンを描くとともに、その具体的な目標と限界、そしてその対策を描き出す、本書の共著者の1人、徳岡が提唱するMBB（Management by Belief：「思い」のマネジメント）の代表的なフレームワークです。

ここでは筆者（木村）が作成した「思いのピラミッド」をご紹介させていただきます。

会社も個人も「TO BE」（あるべき姿）のない活動は継続しません。「個人でミッションなんて大げさだな」と思われるかもしれませんが、実際に作成してみるとその効果が体

■図4-3 思いのピラミッド

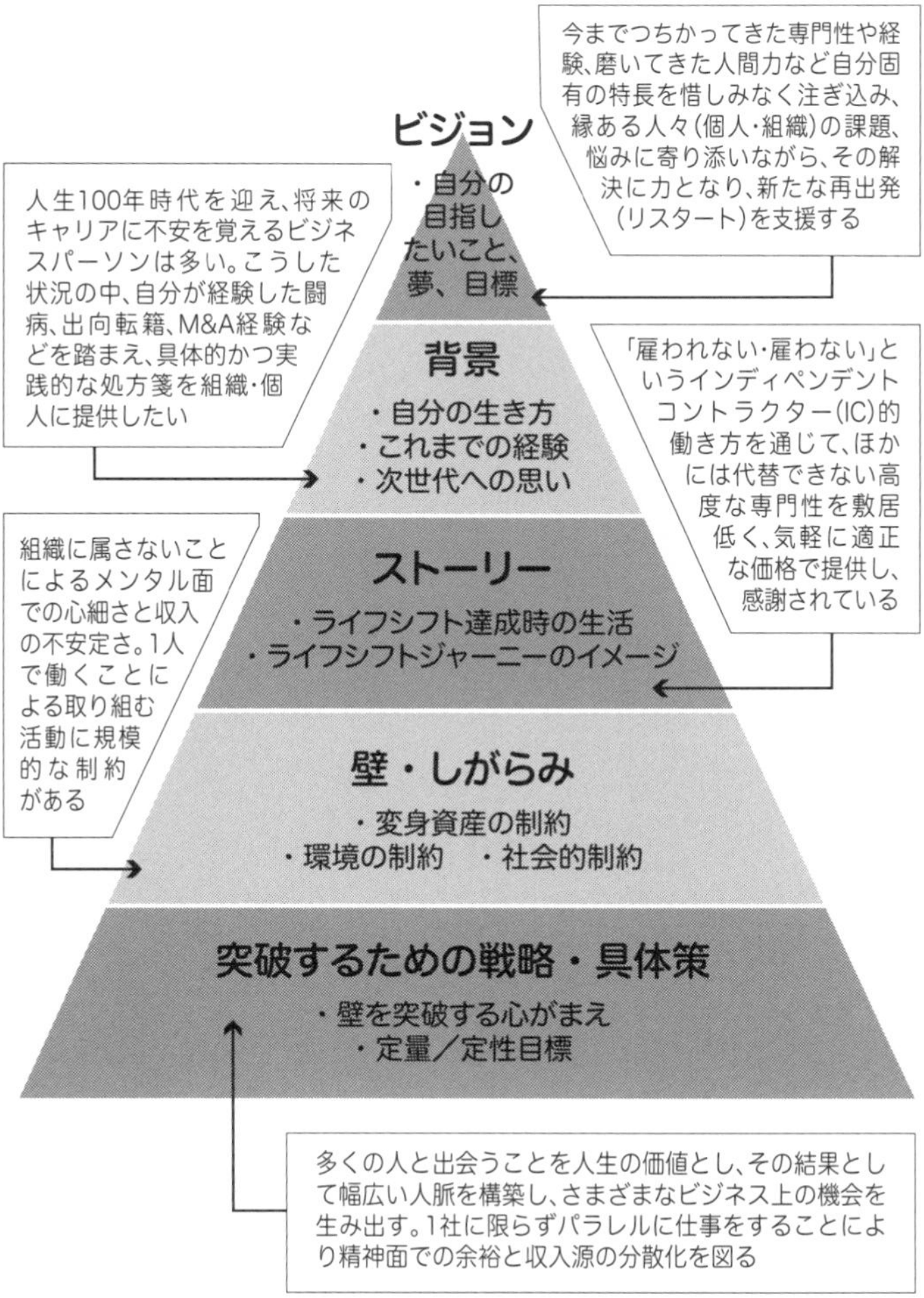

ビジョン
・自分の目指したいこと、夢、目標

今までつちかってきた専門性や経験、磨いてきた人間力など自分固有の特長を惜しみなく注ぎ込み、縁ある人々(個人・組織)の課題、悩みに寄り添いながら、その解決に力となり、新たな再出発(リスタート)を支援する

背景
・自分の生き方
・これまでの経験
・次世代への思い

人生100年時代を迎え、将来のキャリアに不安を覚えるビジネスパーソンは多い。こうした状況の中、自分が経験した闘病、出向転籍、M&A経験などを踏まえ、具体的かつ実践的な処方箋を組織・個人に提供したい

ストーリー
・ライフシフト達成時の生活
・ライフシフトジャーニーのイメージ

「雇われない・雇わない」というインディペンデントコントラクター(IC)的働き方を通じて、ほかには代替できない高度な専門性を敷居低く、気軽に適正な価格で提供し、感謝されている

壁・しがらみ
・変身資産の制約
・環境の制約　・社会的制約

組織に属さないことによるメンタル面での心細さと収入の不安定さ。1人で働くことによる取り組む活動に規模的な制約がある

突破するための戦略・具体策
・壁を突破する心がまえ
・定量／定性目標

多くの人と出会うことを人生の価値とし、その結果として幅広い人脈を構築し、さまざまなビジネス上の機会を生み出す。1社に限らずパラレルに仕事をすることにより精神面での余裕と収入源の分散化を図る

感できます。個人も会社もミッションを掲げる効果は絶大です。

キャリアの岐路に遭遇したときには、選択の基準になりますし、枝葉末節的なことで悩む際にも、こうした高次のあるべき姿が明確になっていると、本筋を外すことなく意思決定が可能です。また、最大の効果としてミッションを掲げることで自分のキャリアプランを達成しようという強いモチベーションにつながります。

これからの人事制度は、目の前にあることだけをやるジョブ型でも、言われたら何でもやるメンバーシップ型でもありません。自分のビジョン・ミッションを掲げてプロジェクトを作り、イノベーションを促進していくことができる人材が評価されるビジョン型に移行します。

雇用で働くにしても独立して個人事業主的に働くにしても、各自がミッション・ビジョンを持つことが必要になってきます。

「仕事の楽しさとは何だろうか？」「自分はいったい何をなりたいのか？」——まず初めに自分に問いかけ、自分の納得できるミッション・ビジョンを見つけることが自律的キャリアデザインの第一歩です。

ミッション・ビジョンは自分の目指すべき方向性を指し示すものですが、座右の銘やお気に入りの詩などを書き留めておくことでも同様の効果を得ることができます。

ミッションとは性格が違いますが、筆者の場合、手帳に書いた次のような言葉を見ては、個人事業主としての行動基準にしています。

「最大のリスクは、リスクのない人生を送るリスクである」（スティーブン・R・コヴィー）

「『できるか？』と聞かれたら、すぐに『もちろん』と答えること。それから懸命にやり方を見つければいい」（セオドア・ルーズベルト）

「今から20年後、あなたはやったことよりもやらなかったことに失望する。ゆえにもやいを解き放て。安全な港から船を出せ」（マーク・トウェイン）

最近は、古今東西の名言を集めた名言集がたくさん出版されています。この中からぜひあなたの心の奥底にある秘めた思いを端的に表している言葉を探し出してみてください。

こうした資料も参考にして、ぜひあなたという「自分会社（個人事業会社）」のミッションを創ってください。掲げたミッションがあなたの思いを表し、あるべき姿への強力なナビゲーターになります。

「自分会社」の中長期経営計画を作成する

会社で部・課・グループの中長期業務計画を作成しているかたも多いと思います。企画部署に在籍している方は、10年後、20年後の会社のあるべき姿の実現を目指し、全社から数値を集めた精緻な中長期経営計画も策定している方もいらっしゃるのではないでしょうか？

実は、こうした会社で作成する中期経営（業務）計画の策定プロセスと個人キャリア設計のプロセスは同じです（次ページ図4－4）。現状（ＡＩ ＩＳ）を冷静に把握しあるべき姿（ＴＯ ＢＥ）を見定め、「ＡＩ ＩＳ」と「ＴＯ ＢＥ」間にあるギャップを見極めたうえで、年度計画に落とし込んで着実に実行していくプロセスです。

キャリア面談をしていて気づくことですが、会社では精緻な中長期経営計画を作成しているミドルシニアの方が最も身近で重要なご自身のキャリアに関する中長期経営計画を作成しているかと言えば、ほとんどの方が作成していません。

会社の経営計画作成については、高度な分析の手法を駆使し、精緻な計画を作成してい

■図4-4　自分自身の長期キャリア戦略づくりの必要性

	業務	自分
長期	**業務改革** イノベーションや仕事の抜本改革	**自分づくり** 成長意欲を落とさずに仕事で得られ・活用できるスキルを拡大・増幅する ・経験・スキルの見える化 ・キャリアの方向性決定
短期	**問題解決** 日常業務のころがし/改善/応急措置	**職場人間** 降りかかってくる問題をこなすばかりだが、ときには快感にさえなる

日本のビジネスパーソンが一番取り組んでいない領域！

ますが、ご自身のキャリアに関しては、あまりに無頓着で関心を持っていないという印象を受けます。

理由は、従来は個人でキャリアを考える必要はなかったからです。新卒一括採用で入社した新入社員は、同期横並びで会社が決めた異動プランに従って地域、職種を問わずに異動します。まずは目の前の仕事に一生懸命に取り組むことが最重要課題でキャリアを考える暇も必要もありませんでした。

逆に、考えること自体が「転職を考えている」「会社のローテーションに不満がある」など会社への忠誠心を疑わせる行為だったのです。

キャリアプランの前提が大きく変わる今、会社に依存するキャリアプランに従うことはリスクです。働く期間が長期化すればするほど、変化の幅も大きくなり、環境変化に耐えうる個人としてのキャリアデザイン力・キャリア戦略立案力が必要になってきます。

幸いにして皆さんは中長期経営計画を作成する高いスキルをお持ちです。ぜひ、ご自分のキャリア戦略策定に時間と労力を投入して今すぐに「自分会社」の中長期成長戦略を立てることを強くおすすめします。

Point

M②（ミッション創造）のポイント

- ミドルシニアからのキャリア戦略は「自律的キャリア戦略」
- （雇用されていたとしても）個人事業主マインドを持つ
- 「自分会社」の中長期経営計画を作成する

第5章

〈5つのM③〉学び（リカレント）
——キャリアを高く売る

副業・兼業で自分の実践的ライフシフト能力を磨く

働く期間が長期化した人生100年&80歳現役時代を生きるミドルシニアは、長いキャリアの中で従来では予想しなかった変化に柔軟に対応していく必要があります。そのために必須な力が自律的キャリアデザイン構築力であり、常に学びつづける力です。

学生時代のポテンシャルだけで定年まで走りつづけられる時代はすでに終焉しています。これからは、積極的かつ継続的に自分に投資し、変身資産を蓄積していく必要があります。

日本能率協会が2019年度の入社半年・2年目の若手社員に行なった意識調査があります。職場や仕事内容に対する考え、現状の満足度を探るための調査です。結果は次の通りです。

◎約半数が転職を検討・活動中で、転職サイトにも登録済み。定年まで勤めるつもりの社員でも6割が転職サイトに登録済み

◎約3割が「副業・兼業をしている」と回答。定年まで勤めるつもりの社員のほうが実施率約5割と高い

◎副業・兼業に興味がある／行なっている理由は、「収入を上げるため」が多数

一方、一般社団法人 定年後研究所が2019年に行なったミドルシニアを対象とした「70歳定年」に関する調査結果をご紹介します（次ページ図5－1）。

こちらは、定年制度のある組織に勤務し、65歳以降も働きつづけたいと考える40～64歳のビジネスパーソンが対象です。結果は、次の通りです。

◎65歳以降の理想の働き方は、7割以上が「現在と同じ会社」で働くこと

◎理想の働き方を実現できる可能性は五分五分

◎仕事上の不安を解消するための準備は、「脳トレ」「食事改善」「50代から将来キャリアの方向性の模索」「複数の専門性を磨くこと」

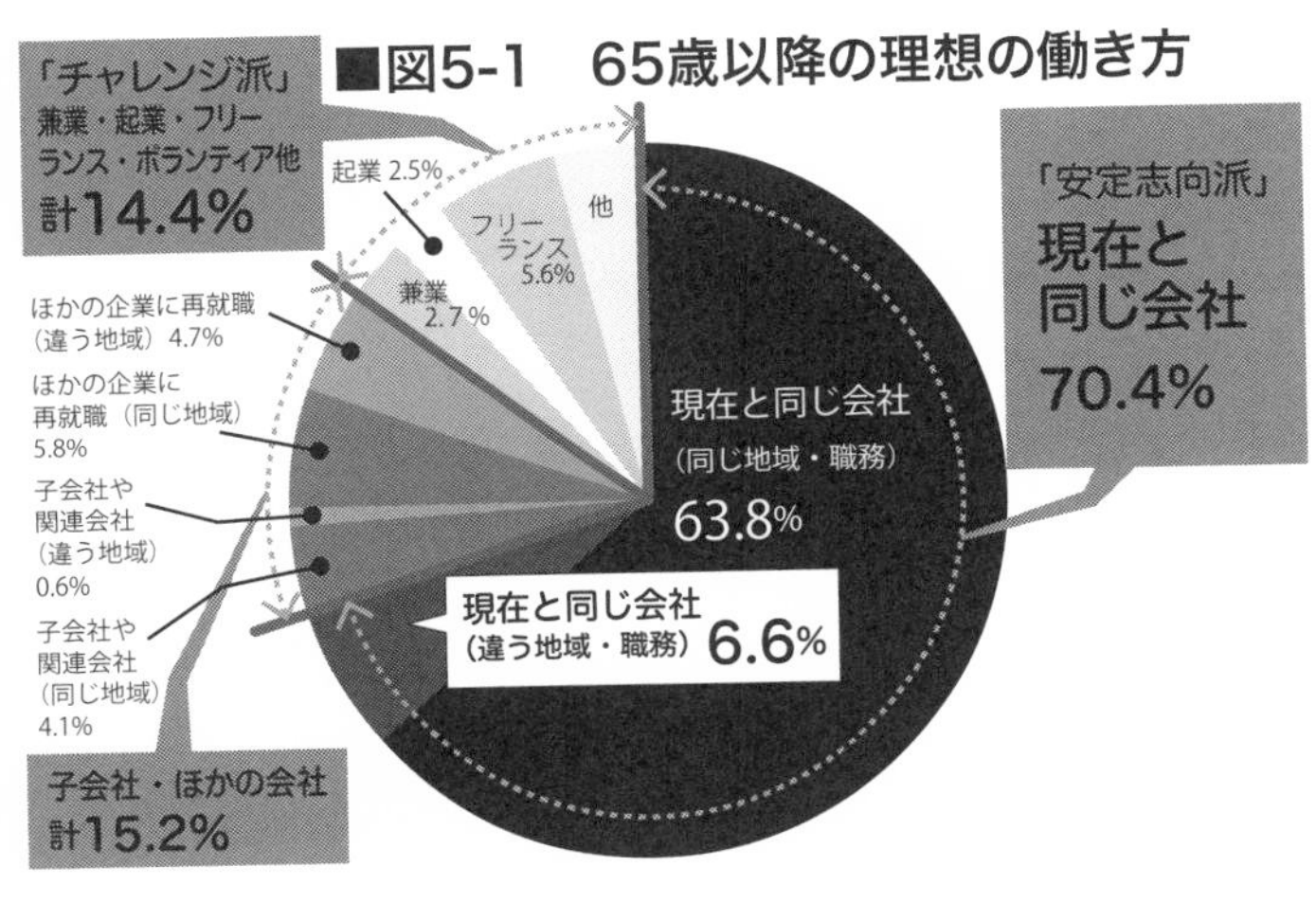

65歳以降、「現在と同じ会社（同じ地域・職務）で働くこと」を理想とする理由について さらに見てみると、「今の生活を変えたくないから」（70・5パーセント）、「安定した収入を得たいから」（47・4パーセント）という結果です。

両調査結果から見えてくる姿は、「キャリアチェンジを厭わない若手社員」と「現状維持志向の強いミドルシニア層」です。若手とミドルシニアの将来キャリアに対するスタンスが大きく異なることがわかります。

調査結果から、転職も想定しながら、副業・兼業を通じて自社以外の人材と積極的に協働し、自らのキャリアに新たな付加価値を加えつづけていく若手社員の姿が見えてきます。

一方、ミドルシニアの調査結果からは、積極的に行動する姿は浮かんできません。「仕事上の不安解消のために必要な準備に関して」という質問の選択肢には、「社外派遣や希望の企業での中高年向けインターンシップに申し込む」「自分の将来のキャリア形成に対して、定期的にプロのキャリアコンサルタントにアドバイスを受ける」などの行動系の選択肢もあるのですが、こちらの選択比率は低いです。

人生100年&80歳現役時代に求められる「自律的キャリアデザイン構築力」と「常に学びつづける力」に関してミドルシニアの取り組み意欲の低さは問題です。

若手社員はどんどん外部とつながりをつくり、一方ミドルシニアは今いる場所で安住を求める。両者のギャップは今後広がることはあっても縮まることはないでしょう。

働く期間が長期化すればするほど、環境変化に耐え得るキャリアデザイン力の力量が問われてきます。**将来の変化を読み込み、想定外を想定内にする自律的キャリアデザイン力が必要になるのです**。幸いなことに、この自律的キャリアデザイン力は、学ぶことができる技能（スキル）です。できるだけ早いうちにそのスキル獲得の必要性を理解し、スキルの獲得のための学びの機会（キャリアデザイン研修やライフシフト大学など）を持つことが重要です。

今までは、学生時代のポテンシャルで定年60歳というゴールにたどり着くことができました。そのポテンシャルに加えて会社が提供するタイミングで研修を受けておけば、職業生活をつつがなくまっとうできたのです。

これからは違います。変化への対応は自責です。自らに学びという先行投資を行ない、常に自分のキャリアに付加価値を加えつづけなければなりません（図5－2）。

変化を恐れず、新しいことに興味関心を持ちつづけること、それを獲得するために自己投資すること、こうした「学びつづけ

■図5-2　知の"連続"再武装が成長戦略の要

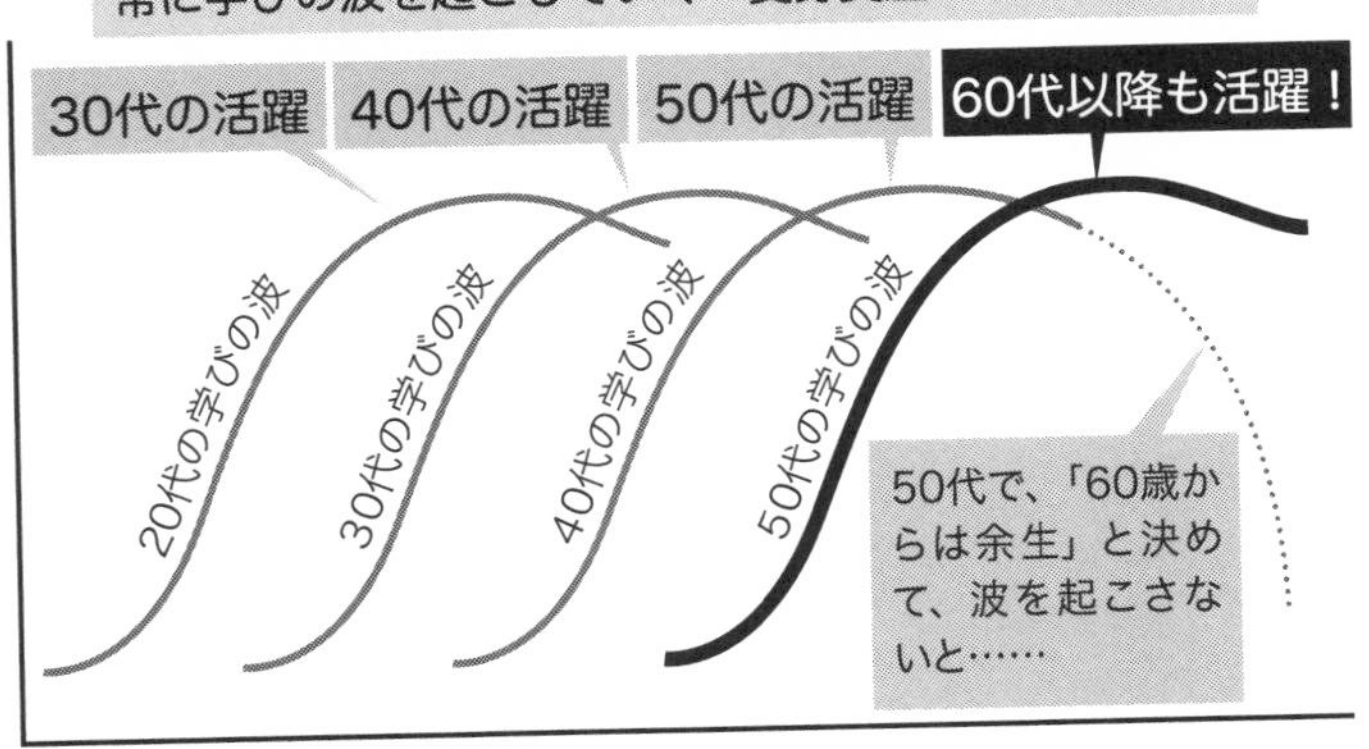

常に学びつづけていくことが必要な時代、過去の蓄積の延長線では生き残れない！

出典：『40代からのライフシフト』（徳岡晃一郎、東洋経済新報社）

る力」は、人生100年&80歳現役時代の最も重要な基本スキルの1つなのです。

3つ目のM（学び）は、自律的キャリアデザイン推進のための燃料であり、常に投入しつづけないと途中で失速してしまいます。筆者（徳岡）が著した『なぜ、学ぶ習慣のある人は強いのか？』（日本経済新聞出版）では多くの学ぶミドルシニアを特集していますので、ぜひ参考にしてください。きっとあなたらしい学びのモデルが見つかります。

実務と最新技術の仲介者を目指す

「学び」の重要性については、前節で解説の通りですが、ミドルシニアがこれから特に注意をしておく領域は、自分の担当する業務に関するIT・AI・DX（デジタルトランスフォーメーション）です。

AI研究の第一人者である松尾豊東京大学教授のある対談での発言です。

「企業の方とお話していても、エンジニアの方とか、新規事業の方、R&D関連は、上司への説明コストが、非常に高いんです。そこで皆さんが、すごく苦労しておられます。相

当嚙み砕いて上司に持って行かないといけないし、〝よくわからない〟と言われて、引き戻されることもあります」

ＡＩの専門家は、今の業務プロセスでどこが問題になっていて、なぜそこがネックになっているかわかりません。また、一方担当業務のＩＴ化・ＡＩ化を果たすことをタスクとして課されている実務家は、ＩＴやＡＩのことにうとく、うといだけではなく、そもそも懐疑的に見ていたりします。

あなたは実務のプロフェッショナルですので、オペレーションの問題点、難しさもよくわかります。一般的に実務に詳しい人は、ＩＴやＡＩなどの新技術に対して得てして警戒心を持ちがちですが、そこは意識を変えて自分の専門領域に関するＩＴ・ＡＩの技術を積極的にロクゲン主義（現場・現実・現物＋原理・原則・原点のこと、第7章で詳しく解説します）で学んでいきます。

これからのミドルシニアに求められる役割は、実務とＩＴ・ＡＩとのつなぎ役です。これからのキャリアの方向性を**「実務とＩＴ・ＡＩ領域のコネクター役」**と意識するだけで見える景色が変わってきます。

企業も事業構造改革に向けて社員にデジタル関連などの再教育をする企業が増えてきています。

たとえば、キヤノンは工場従業員を含む１５００人にクラウドや人工知能（ＡＩ）の研修を実施し、医療関連への配置転換などを通じ成長につなげようとしています。

富士通も20年４月からオンラインで約９０００種類の教育コンテンツを無料で利用できるようにしています。プログラミング言語などの研修でＤＸに貢献する人材を育てる構想です。

会社がこうした研修機会を設けるところはまだ少ないですが、会社の研修を待つことなく、特に自分の専門領域に少しでも関係がある新技術・新情報に関しては、常に高くアンテナを立て、アーリーアダプター（流行に敏感で、自ら情報収集を行ない判断する層。新しい商品やサービスなどを早期に受け入れ、消費者に大きな影響を与えるオピニオンリーダー）として動く必要があります。

全領域のＩＴ・ＡＩの専門家になる必要はありません。まずは、自分の専門領域で、実務に関連するＩＴ・ＡＩ技術にアンテナを立てます。

新技術に関して、「どのような活用の仕方が可能なのか？」「限界はどこにあるのか？」

など総合的に活用の可否をあなたが判断できるようになるのが目標です。

ＩＴ・ＡＩの進展でミドルシニアの活躍の場所が狭まるとの悲観的な予測が多い中、そこを逆手に取ってＩＴ・ＡＩ化の促進役を担う戦略です（図５―３）。

業務効率化や生産性向上を実現するテクノロジーとして「ＲＰＡ（ロボティック・プロセス・オートメーション）」が注目を集めてずいぶん時間が経ちますが、バックオフィスのオペレーション作業の効率化のツールとしてメガバンクをはじめ、民間企業や自治体での導入が進んでいます。

事務系ビジネスパーソンであっても、ＲＰＡ導入の早い段階から注目し、自費でＲＰＡ

■図5-3　実務とIT・AIの仲介者を目指す

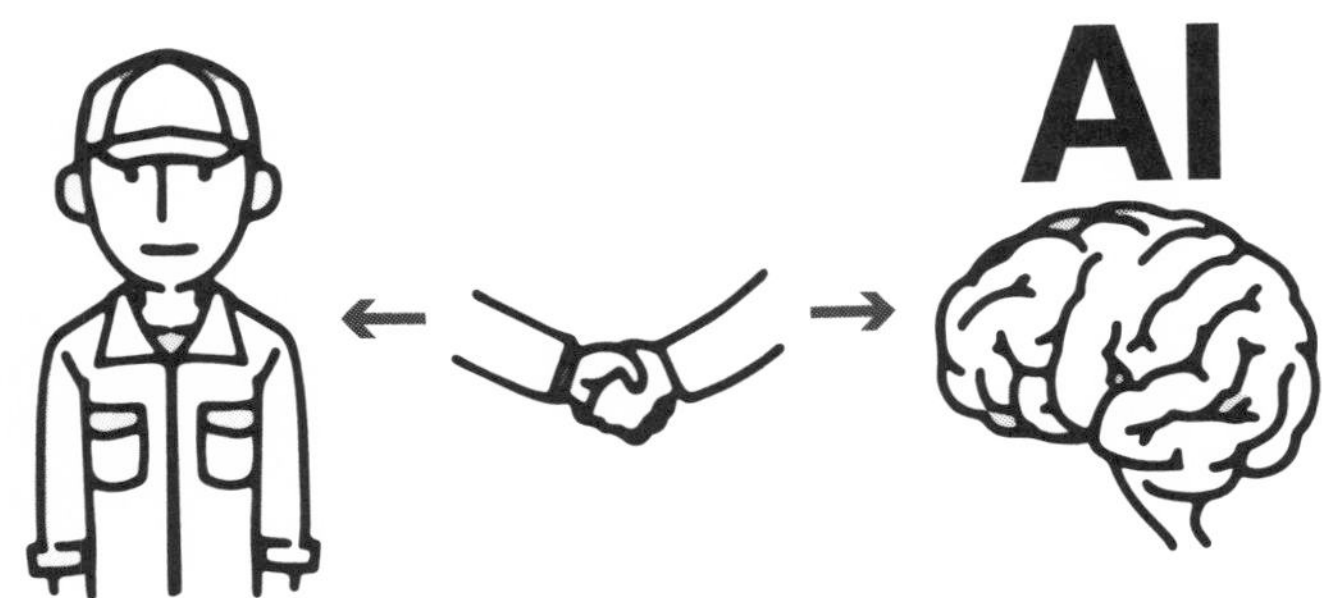

松尾豊東大教授（AI第一人者）

「企業の方とお話ししてても、エンジニアの方とか、新規事業の方 、R&D関連は、上司への説明コストが、非常に高いんです。そこで皆さんが、すごく苦労しておられます。相当噛み砕いて上司に持って行かないといけないし、「よくわからない」と言われて、引き戻されることもあります」

講座に参加、社内のＲＰＡ推進役として活躍している方もいます。実務オペレーションを原理・原則から知っているというミドルシニアのアドバンテージを最大限に活かす戦略です。

筆者らの専門は人事ですが、人事部でも人事制度の改定、業務の効率化等を目的に定期的に給与システムの見直しを行なうことがあります。システム変更ですので、システムに詳しい人がキーマンになりそうですが、その際にキーマンとなるのは「給与オペレーションに詳しく、かつ、システムができること／できないこと」をきちんと理解できる人物です。

給与システム変更の際には、現行の取り扱いを見直す必要も出て来ます。「この取り扱いは変更可能なのか？」「労働基準法に抵触しないか？」「不利益変更になるので組合との協議が必要になるか？」などを判断して計画通りにシステム変更を進めていかなければいけません。

実務もシステムも両方を理解できる人材は極めて少ないです。もし昔からの経緯を知る実務に詳しいあなたがこの領域の専門性を獲得すれば、鬼に金棒です。新技術に関して「学びつづける」姿勢を持ち続ければ、人生１００年＆80歳現役時代の生き残りは容易です。

〈事例　Aさん〉

大学（理系）卒業後、16年間はIT企業で勤務。クライアントに対して、より経営視点での提案をするため、また、管理職として自己を成長させるため、中小企業診断士の勉強を開始。この勉強を通じて、マーケティングの面白さに惹かれ、商品・サービス企画やマーケティング部門に異動。会社に勤めながら副業にて、中小企業にマーケティング・ITトレンドに関するセミナー・コンサルティングを開始。その後、独立。

独立後は、マーケティング・IT（情報通信）を武器としつつ、会社員時代のエンジニア経験、マーケティング経験、マネージャー経験をフル活用し、経営と現場をつなぐためのチームづくりに踏み込むことを心がけて中小企業コンサルタントとして活躍中。

この方の場合は、「ITからマーケティング」という学びの領域の拡大ですが、「IT・AI↕独自の専門分野」という形は同じです。ITスキルをコアスキルとして、常に学ぶ姿勢を継続し、活躍の幅を広げてきました。

「自分の専門領域＋それに関連するIT・AI知識・スキル」という学びの公式は、これからますます重要な視点です。

学ぶための環境づくり

母校の図書館で利用カードを作成する

学びつづけるためには、学ぶ目的の明確化とともに環境づくりも重要です。勉強へのモチベーションを上げるという意味でおすすめなのは、母校の図書館です。学校によって利用条件は異なりますが、OB・OGは本の貸し出しはできませんが、図書館内での資料の閲覧は可能というケースは多いです。

実際に大学に足を踏み入れると何十年前の学生時代の気持ちがよみがえってきます。生協ではるか年下の後輩に混ざって昼食を食べ、掲示板で新入生歓迎のサークルのビラを眺めるだけでも気分が変わります。図書館は会社一辺倒の日常生活から学生時代への「時間旅行」の入り口です。

筆者も独立当初、卒業後30年ぶりに利用カードを作成し、母校の大学図書館で人事の専門雑誌を閲覧していました（図書館内にはコピー機がありますのでコピーは可能です）。

人事の専門誌も個人で購読するとなると費用も大変です。そのため、インターネットで記事の掲載号を確認してから、図書館で閲覧し、必要に応じてコピーを取っていました。卒業後、ほとんど母校に足を踏み入れていないというミドルシニアの方はきっと多いと思います。今週末でもまずは母校を訪問し図書館で利用カード作成してみてはいかがでしょうか。自分の知識の引き出しが1つ増えたような感覚を味わうことができます。

各都道府県の中央図書館もおすすめです。筆者（木村）は東京在住ですが、気分転換も兼ねて広尾にある東京都立中央図書館で調べ物をすることがあります。こちらの図書館では、本の貸し出しはしておらず閲覧のみになりますが、１０００席の閲覧席があり、また館内に自分のパソコン（ＰＣ用電源を設置した席もあります）を持ち込むこともできます。

無線ＬＡＮ環境も整備されており、館内には食堂もありますので、ある専門領域について徹底的に調べ尽くしたい場合など、「日帰り1人合宿」をするつもりで籠るのもおすすめです。

外部のシェアオフィスを利用してみる

今回のコロナ禍でリモートワークの拠点のニーズが高まりました。そのニーズに対応するため、シェアワークスペース拠点がどんどん増えています。筆者（木村）もビジネスエアポートというシェアワークスペースの会員になっていますが、利用可能なシェアワークスペースはどんどん増えています。

こうした拠点の利用は、若手が多くミドルシニア層の利用は少ない印象ですが、ミドルシニアこそ会社を離れたこうした場所を学びの場として利用すべきです。

大きなターミナル駅至近の場所に設置されていることが多く、Ｗｉ-Ｆｉ、充電、ドリンクフリー、来客面談も可能です。筆者の場合は、プライベート会員というカテゴリーで契約しています。

気分を変えるという効果もありますし、兼業・副業の拠点にもなります（実際こちらで会社帰りと思われるビジネスパーソン同士で打ち合わせをしている光景をよく見ます）。

こうした拠点利用は、「実際に独立してから検討しよう」と考える方が多いですが、定期収入が確保されている会社員時代こそトライアル的にでも利用してみることをおすすめします。

テレワークが常態となった今こそ、こうした自分独自の学びの場を持つ意味は大きいです。新たな人との出会いの場としても活用できますし、また学ぶ意欲を掻き立て学習効果を増幅させる効果もあります。

学びつづけるためには、「目的と学ぶ環境」がないと続きません。実際にこうした拠点に自ら出向き、気持ちを切り替えることも学びつづけるための条件です。

こうした拠点は、学びの拠点というだけでなく、バーチャル「自分会社」の本社としての役割も果たしてくれます。

Point

M③（学び）のポイント

・働く期間が長期化するほど変化の幅が大きくなり、それに対応するためにも、「常に学びつづける力」が必須になっている

・ターゲットとする学びの領域は、自分の専門分野に関連するＩＴ・ＡＩ領域と英語

・学びつづけるための環境づくりの一環として外部施設を利用することも検討する

第6章

〈5つのM④〉見える化

――経験・知識・スキルを商品化する

自分の「物語」を資産として考える

第4章で「ミッション創造」、第5章で「学び」について考えてきました。こうしたあなた独自のMが効果的に機能するための必須プロセスが4つ目のMである「見える化」です。せっかく創造したミッションも、学びの結果も「見える化」されていなければ行動の変容につながりませんし、外部にも伝わりません。

あなたのキャリアは、誰1人として同じものがない独自のキャリアです。日本のビジネスパーソンは、「自分のキャリアなんて平凡で、どこにでもある」と謙遜しますが、とんでもありません！

担当してきた仕事も時期も仕事へ対するスタンスも各自オリジナルで何1つ同じキャリアはありません。皆さん、それぞれのキャリアの物語をお持ちです。

「ポータブルスキル」という言葉をご存じですか？

ポータブルとは、「持ち運び可能な」という意味で、どの職種に転職したとしても必要とされる、汎用性の高いスキルのことをいいます。

たとえば、ミドルシニアの皆さんは、難しい案件や大きな環境変化に今まで対応したことにより、課題解決力、問題発見能力や状況判断力、時間管理能力などのスキルをそれぞれ独自に習得しているはずです。

たとえば、社風の異なる組織間がM＆Aなどで一緒になる際には、必ずといっていいほど多かれ少なかれさまざまな問題が起こります。過去に経験がない方は、どんな問題が起こるか予想がつかないかもしれませんが、以前に身をもって組織統合の経験を持っている方は、これから起こることが予想できます。

「双方が別のシステムを使っているので当面の間、両社を合わせた資料は手作業で対応しなければならないな」「ビジョン・ミッションが大きく違うので営業案件の優先順位付けでモメるな」など、過去にこうしたM＆A経験をお持ちの方は、実は次に起こるであろうリスクが見えていたりします。

こうした方は、「前回の教訓からまずはシステム統一が最優先だ」「まずは新しいビジョン・ミッションの創造が第一優先。これがないと結局組織は空中分解する」など、解決策をすでに持っています。

こうした経験こそ、これからミドルシニアが売り物とすべき独自のキャリアであり、ポータブルスキルです。こうしたスキルは実務経験なしには獲得できない「実践知」ですので、若手層が机上で獲得しようと思っても不可能です。

こうしたスキルを発見する（気がつく）ためには、単に表面的に自分の職歴をトレースするだけでなく、職歴の背後や職歴の間に潜んでいる自分の「物語」をトレースする必要があります。

日本のミドルシニアのビジネスパーソンは、皆さん多くの異なるキャリアの物語をお持ちのはずですが、キャリアを考える際には、既成の業種・職種などの枠にはめて自分のキャリアを考えがちです。筆者（木村）のメインキャリアは、「自動車産業」「人事」ですが、このカテゴリー分けでは、その他大勢と一緒、個別の物語はまったく見えてきません。「どんな会社・職種で働いてきたか」という切り口でキャリアを整理すると、その枠内でしかキャリア資産を拾い上げられなくなります。

ミドルシニアの皆さまは、バブル乱舞から「失われた20年」と呼ばれた冬の時代、あるいはリーマンショック、東日本大震災、そして今回のコロナ禍と大きな外部環境変化を乗り切ってきました。

失職、転職など大きなキャリアチェンジを強いられた方、会社のBCP（事業継続計画）を策定された方もいらっしゃれば、会社倒産という憂き目に遭遇し淡々と整理役をこなされた方もいらっしゃると思います。

こうした**変革の時期をどう乗り越えてきたか、その1つ1つの体験こそ貴重な個人のキャリア資産であり、これから起こり得る大きな環境変化に対応する変身資産になります。**

筆者（木村）の場合でも30年間のサラリーマン生活の裏には、35歳のときに急性心筋梗塞で倒れ、44歳という〝若さ〟で入社した会社から関係会社に転籍、50歳のときにはM＆Aにより純日本企業から外資系に会社が変わるなどの〝波乱万丈〟の物語が隠されています。極めて小さな経験ですが、そこからも（振り返ってわかることですが）大きな時代の変化の波が存在したことに気づきます。

また、闘病からの復帰の際、あるいは若い時期での転籍や想定外の社内での役割変化に遭遇した際に考えたこと、その際に実際にとった行動などは、体験した者でないと語れない実話です。こうした実体験の物語は、独立したあとも筆者の独自の変身資産として役に立っています。

埋もれた鉱石を掘り起こす

国内市場のみならず海外市場も拡大し、「今ある製品をいかに安く作るか?」「いかに同じ価格で機能を増やすか?」「いかに小型化するか?」といった解決すべき課題が明確な時代には、現状のやり方を踏襲あるいは改善することが「正」であり「善」でした。従業員も会社の引いたレールの上に乗って全社一丸となって共通の目標達成のために「同質性」のパワーを発揮することが求められていました。

これからは違います。本書のテーマである80歳現役計画とは、慣れ親しんだ同質性から離れて1人1人独自の多様性を活かして自律的にキャリアをデザインしていくプロセスにほかなりません。

あなたの物語の中に、「なぜあなたが『自分会社』を経営する必然性があるのか?」、その理由を指し示すヒントが潜んでいます。

筆者も本の読者の方からの依頼でキャリア面談をさせていただくことがありますが、面談の当初は、「○○会社の△△部で仕事をしている」「主な仕事は、関係会社を含めた連結決算です」といった職務経歴書を見ればわかるような、比較的当たり障りのないことしか話に出てきません。

ところが面談の時間が経過するにつれ、「あのときは本当に修羅場だった。頭に500円玉くらいのハゲがいくつもできた」「業務効率化のシステムの入れ替えを担当したが、仕事の定義があいまいで、結局就業規則の徹底的な見直しからやり直した。夜を徹して組合幹部とやり合った」といった身を乗り出して聞きたくなるような話がどんどん出てきます。ミドルシニアの物語はこうしたところに潜んでいるのです。

夏目漱石の小説に『夢十夜』という短編小説があります。この第6話に鎌倉時代の名仏師の運慶の逸話が取り上げられています。運慶がいとも簡単に躍動感あふれる仏像を彫り出す様子を見物していた若者が解説します（次ページ図6－1）。

あれは眉や鼻を鑿で作るんじゃない。あの通りの眉や鼻が木の中に埋っているのを、鑿と槌の力で掘り出すまでだ。まるで土の中から石を掘り出すようなものだから決して間違うはずはない。

■図6-1　夏目漱石「夢十夜（第6話）」

「運慶は、木の中に埋まっている仁王像を掘り出しているだけだ」

シニア社員：「活用」というより「発揮」
欠けているものを補うのではなく、持っているものを徹底的に活かす。
すなわち、新たなスキルを獲得するのではなく、今まで蓄積したスキル・経験を活かし切るイメージ

会社もシニアの中に埋まっている「仁王」を掘り出していけばよい

ミドルシニアのスキルも同じです。欠けているものを補うのではなく、持っているものを徹底的に活かす。運慶のように自分の中に埋まっている「仁王」を掘り出していけばよいのです。

環境変化の激しい時代、変革を起こしたりイノベーションを生み出すためには、こうした危機を乗り越えてきた1人1人が実際に実体験したことをキャリア資産として認識し積極的に活用していくことがポイントになります。

しかしながら、こうした自分独自の経験をキャリア資産と考える人はほとんどいません。多くのビジネスパーソンは、「自分のキャリアなどどこにでもある」「自分に

はこれといった専門性がない」と思い込んでいます。

また、そもそも多くの日本の企業に勤めるビジネスパーソンは、途中でキャリアチェンジをする想定をしていませんので、キャリアを振り返ることもなく（正確にいうと振り返る必要もなく）、自分自身の物語を意味づけることをしたことがありません。

「80歳現役」計画策定の第一歩は、ご自身のキャリアを徹底的に棚卸し、単なる職歴のみならず歩んで来た自分の物語から「あなたの鉱石」を掘り出すことです。

効果的な第三者（ライフシフトアドバイザーなど）とのキャリアの壁打ち

皆さんは**「ジョハリの窓」**（次ページ図6－2）をご存じでしょうか？
これは自己分析をしながら他者との関係を知ってコミュニケーションを模索する心理学モデルです。やってみると「自分は知らないが他人は知っているエリア＝気づかない窓」に自分の強みやセールスポイントが隠れている場合が多いのです。

■図6-2　ジョハリの窓

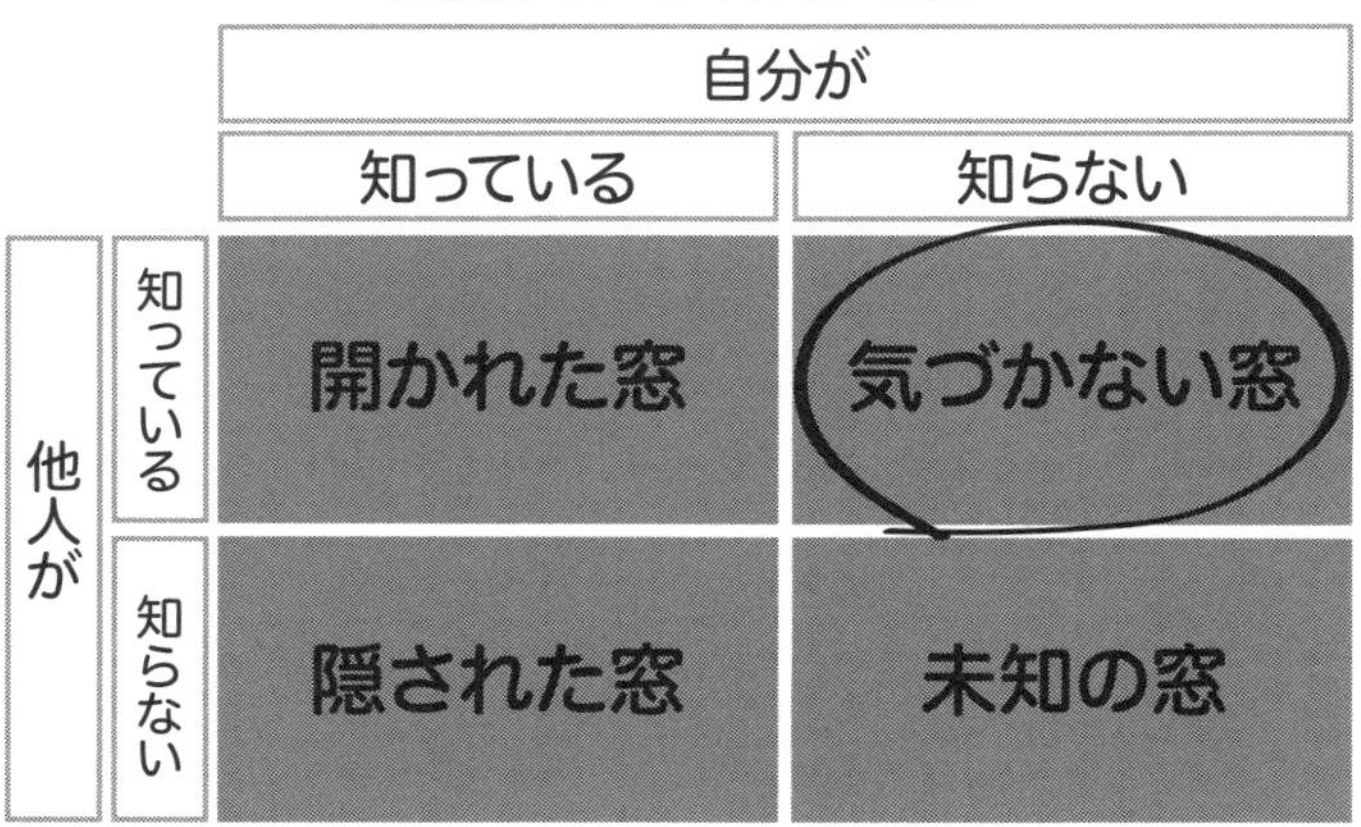

自分が気がついていないところに自分の強みやセールスポイントが隠されている場合が多い

この気づかない窓を拡大させるためには、積極的に自己開示し、他人からのフィードバックを厭うことなく受けることが必要です。

筆者らは仕事柄多くのキャリア面談をさせていただいていますが、以前は他者のキャリア面談をするなど考えたこともありませんでした。中でも筆者（木村）が面談に興味が向いたきっかけは偶然の出来事です。

サラリーマン時代、ある研修の際にペアワークを行った受講者から「あなたには話をしやすい雰囲気がある」いうことを言われたことがきっかけです。一度だけなら聞き流すところですが、別の研修でも同じことを言われ、「もしかして?」と「人の話を聴く」という役割にアンテナが立ちました。

一度アンテナが立つと自然と「キャリア」「面談」に関する情報が飛び込んできます。そうした情報に従って研修に参加するなど具体的な行動に移しているうちに自然に「面談」という仕事を担わせていただくことになりました。

こうしたあなた自身の「見えない鉱石」を掘り出すにはどうすればいいでしょうか？

最も効果的なのは、キャリアに関して幅広い知識を持った人との「壁打ち」です（図6－3）。ここでいう「壁打ち」とは、「自分の物語を人に話すこと」という意味で使っています。物語を相手に聞いてもらうことで、自然に自分の独自の物語に気がついたり、より自分の強み・弱みがはっきりして

■図6-3　AS ISの把握に欠かせないキャリアの「壁打ち」

きたりという効果が出るのです。

「壁打ち」は、どんな壁でもいいというわけではありません。まず避けたほうがいいのは、同じ会社の同じ職場の人です。同じ会社の同じ職場の人は、あなたと同じ思考様式、常識の枠内で育ってきていますので、素直なボールが返ってきません。

「そんな経験は、この会社の誰もがしている」「うちの会社の専門性レベルでは世の中では通用しない」など、おそらくあなたが想定しているようなネガティブな意見が返ってきます。やはり、長年育ってきた組織、働き方によってさまざまなバイアスがかかります。

手術ではありませんが、キャリアチェンジという大手術の際には、1つの意見だけでなくセカンドオピニオンを求める必要があります。

「壁打ち」の理想は、社外（それも自分とは異なった業種）で幅広くキャリアに関する知識を持った人が最適です。その意味では、企業のキャリア開発経験者や社会人経験&面談経験の豊富なキャリアコンサルタントなどの専門家も適任です。

また、異業種のメンバーが参加する比較的長期の勉強会や研修会もおすすめです。社内の人には話せない自分のキャリアや思いを遠慮なく開示でき、思いもつかなかったボールが返ってきます。

「人生100年&現役80歳時代」においては、今の会社に勤務しつづけるにせよ、転職、独立起業するにせよ、自分物語の掘り起こしは必須です。

現状（AS IS）と将来（TO BE）の「見える化」

ミドルシニアからの「80歳現役」計画は、「AS IS」と言われる徹底的な現状把握（キャリアの棚卸し）と「TO BE」（目指すべきキャリアの方法性）を明確にすることから始まります（図6－4）。

■図6-4　キャリアデザインの基本（「AS IS」と「TO BE」）

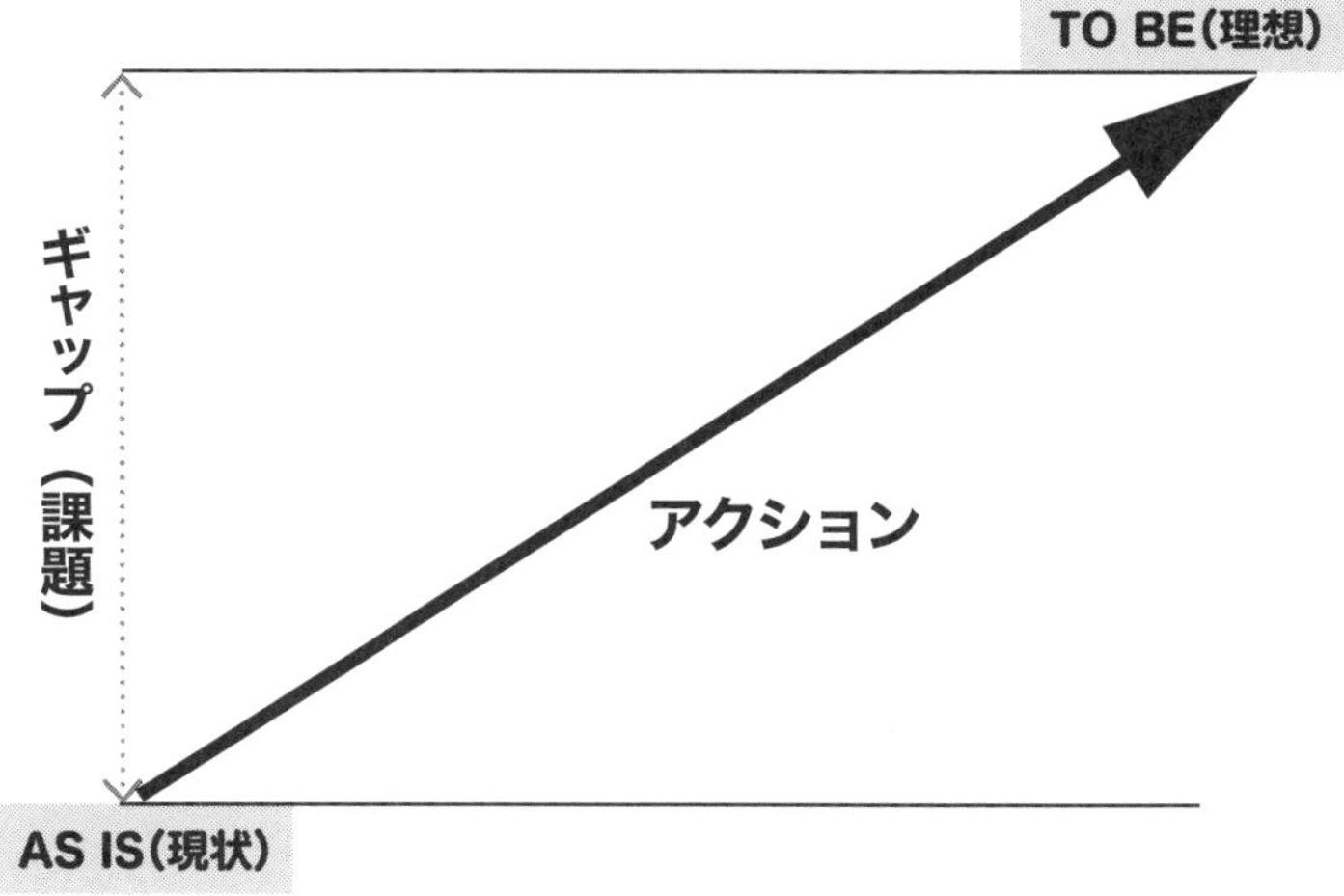

「ＡＳ ＩＳ」には、もちろん前に説明したあなたの「物語」も含まれます。「ＡＳ ＩＳ」の把握で自分自身の強み・弱み、つちかってきた経験・スキル・知識がわかり、「ＴＯ ＢＥ」の把握でこれから目指すべき方向性が定まります。

この2つが明確になって初めてあなたの現在の課題（ギャップ）が明らかになります。課題（ギャップ）が明らかになれば、あとは顕在化された課題を計画的に解決していけば、必ず「ＴＯ ＢＥ」に到達できます（次ページ図6－5）。

多くの方がキャリアプランの作成にチャレンジしますが、なかなか実行にまで至りません。その原因はどこにあるのでしょうか？ ずばり、「ＡＳ ＩＳ」と「ＴＯ ＢＥ」の「見える化不足」です。

自分のスタートラインはどこなのか？ どこへ向かって走っていくのか？ スタートラインとゴールが明確になっていなければレースは始まりません。スタート地点が決まり、ゴールが見えていれば、あとはそこに向かって走っていくだけです。

世界を舞台に活躍するスポーツ選手の小学生時代の卒業文集をご覧になったことがありますか？ イタリアセリエＡで活躍したサッカーの本田圭佑選手、ゴルフ男子ツアー世界最年少優勝の記録を持つ石川遼選手、アメリカメジャーリーグで大活躍の大谷翔平選手な

■図6-5　目的と意識と行動

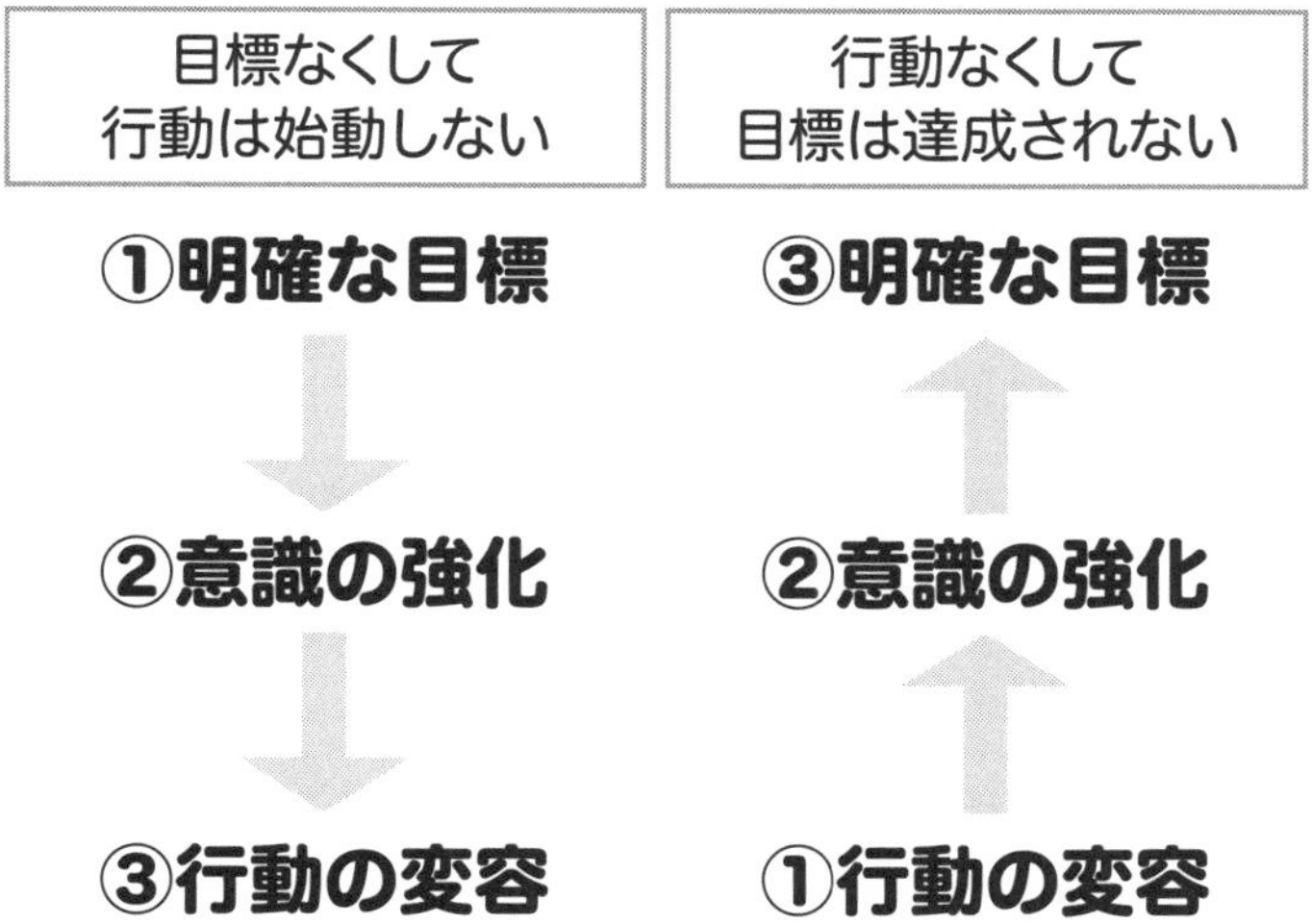

目標なくして行動は始動しない	行動なくして目標は達成されない
①明確な目標	③明確な目標
↓	↑
②意識の強化	②意識の強化
↓	↑
③行動の変容	①行動の変容

ど、こうした選手の小学校時代の文集には、極めて具体的な目標とそれに至るまでのプロセスが明記されています。

また、文集を見るとその時点での自分の技術レベルが小学生とは思えないほど、冷静に分析され、文章化されていることにも気がつきます。あなたのキャリアに関しても同じです。

スタート時点である今までのキャリアについて物語を含めて徹底的に棚卸しします。今まで蓄積したスキル・知識・経験すべてが、これからの人生１００年&80歳現役計画を実行するための武器になります。

また、ゴールである「ＴＯ ＢＥ」が明確に「見える化」されていると意識が強化され、行動のモチベーションにつながります。

具体的なキャリアの棚卸方法と「TO BE」の見つけ方については、著者の1人である木村の著作『知らないと後悔する定年後の働き方』（フォレスト出版）をご覧ください。「家族キャリアマップ」と「ライフカーブ」をベースに「キャリア棚卸シート」にあなたのキャリアを具体的に洗い出すためのノウハウやキャリアの方向性の探り方をツールとともに紹介しています。

キャリア「見える化」のためのヒント

①自分のキャリアで「ケース」を作成する

掘り起こしたご自身の物語で、ケースを作成してみるのもおすすめです。ケースとは、ビジネススクールのMBAケーススタディで使用される事例です。ケーススタディとは、ビジネスの現場で実際に起きた多様な事例（ケース）を教材として、最適な解決方法を思考する事例研究ですが、その教材をあたかも自分がビジネススクールの教官になったつもりで事例にまとめておくのです。

ご自身の経験ですので起きた事実やその背景や登場人物、その関係性などもリアルに把握しています。また、実際にご自身で体験したことですので、問題点、あるいは実際にとった解決策はすでに判明していますので、リアルなケースを作成することができます。

どうしても職務経歴書ベースでの棚卸しでは、担当職務や時期の列挙だけになり、その背景や関係性など本当は重要な事実が抜けてしまいます。

経験を実際に文字化することにより、具体的なキャリアの棚卸しになりますし、その物語に含まれるポータブルスキルが明確になります。また、経験をケースとして「見える化」することにより、その物語の汎用性も高まります。

②「自分会社」の紹介パンフレットを作成する

「自分会社」のバーチャルパンフレットを作成することもキャリアの「見える化」のため

に有効です。これからはあなたが会社に勤めていても「自分会社」の経営者です。「自分会社」の会社パンフレットを今から作成してしまうのです。

作成にあたっては、実在の会社パンフレットが参考になります。自分が将来実現したい姿に近い会社のホームページを調査してみるといいでしょう。

冒頭には、第４章で検討した「自分会社」のミッションの記載が必要です。どんなサービスを提供するのか、提供サービス内容の記載も必須です。また、提供サービスの価格など決める必要があることに気がつきます。

作成の過程で判明した不足部分は、計画的に埋めていきます。価格が決まっていないのであれば、競合サービスのホームページを確認してみましょう。提供サービス内容が決まっていないのであれば、「どんなニーズがこれから発生するのか？　高まるのか？」「その商品をパンフレットに記載するためにはどんな資格、経験をこれから積んでいかなければならないか？」を確認する必要があります。

「自分会社」のパンフレットを実際に作ってみることによって、今まで頭の中でぼんやりしていた「やるべきこと・決めるべきこと」が明確になります。

■図6-6　自分会社のパンフレットを作ろう

上の図6－6は、筆者（木村）が独立前に自分で作成したパンフレットです。フォームに関しては、書店でフォーム集を売っていますので、レイアウトを一から考える必要はなく、自分の気に入ったレイアウトを使えばOKです。

このパンフレットは、小冊子タイプですが、これもお近くのキンコーズの「中綴じ製本（ホッチキス）」で簡単に自作可能です。もちろん、外注しても今は安価にできますが、在職中に手作りで作成してみるのもいいと思います。

パンフレットができていると今後ホームページを作成するときもスムーズです。パンフレットの内容をそのままホームページに移管すればＯＫです。

③自分というタレントを売り込むことを考える

あなたという人物に関するパンフレットができました。次は芸能プロダクションのマネージャーになったつもりで「あなた」というタレントを世間に売り込むことを考えてみましょう。担当したこの「あなた」というタレントが売れなければ1年後にあなたはマネージャーという職を失うという背水の陣の想定です。

まずは、あなたというタレントの名前を認知してもらわなければなりません。そのためには、自分が何の専門家なのか一目でわかる肩書を考えておかなければいけません。

次にクライアントの課題を解決するにあなたがふさわしい人物だと納得してもらわなければいけません。あなた独自のキャリアの物語（「武勇伝＝成功体験」でも「修羅場＝失敗経験」でもいいですが）を準備しておく必要があります。

以上は、まさにキャリアの「見える化」プロセスそのものです。

自分のキャリアを発信する

次のステップは、「見える化」されたキャリアの発信です。「見える化」されたキャリアは、意識的に外部発信され、認知される必要があります。

「見えないキャリア」は、「ないもの」と同じであり、発信されないキャリアも「ないもの」と同じです。

発信といっても、履歴書や職務経歴書をやみくもに送ったり、ホームページやSNSに掲載することではありません。今までのプロセスで明確になったご自身のキャリアの強み・売りになる部分に関して積極的に情報発信することです。

たとえば、会社員のフェイスブックの登録率は個人的な感覚でいうと30パーセント程度ではないでしょうか。登録しているほとんどの方は、プロフィールと誕生日のメッセージくらいで、積極的に定期的に情報発信している方はさらに減ります。

それに対して個人事業主の方は、ほぼ100パーセントといってもいい登録率であり、日々発信している方も多いです。自分からの情報発信の重要性を身に染みて感じているからです。

しかしながら、企業に勤めるビジネスパーソンが情報発信することはなかなか難しくなっています。たとえば、自動車会社にとって新車開発情報はトップシークレットです。社員が気軽に新車開発情報をSNSに投稿されたら企業業績に影響するほどの大きなダメージを与えます。

情報セキュリティの観点から社員がSNSなどで情報を発信することに対して企業は非常にセンシティブになっており、定期的に情報セキュリティ研修やe-learningを実施している会社が多いことと思います。

それでは会社員は一切SNSなどで外部発信できないのかというとそうではありません。業務に関係し秘匿されている事項を発信することは、情報セキュリティ違反になりますが、業務に関連しない、たとえばプライベートに関する事項については、制限がありません。

おすすめは、**「①自分の専門分野に関連する書籍の書評を発信すること」「②自分の専門分野に関するニュースに一言コメントをつけて発信すること」**です。投稿場所はツイッターでもフェイスブックでもいいですし、今やLINEに並ぶメガメディアとなったnoteでもいいでしょう。

自分の専門分野や興味ある分野なら、関連本を読むことも多く、感想も書きやすいと思います。タイムリーかつ頻度高く情報発信することにより、その分野の専門家としての認知度も上がってきます。また、情報発信することで、書籍の読み込みも深くなりますし、発信前には発信内容の確認も行ないますので自分の知識の再確認にもつながります。

情報・知識のインプットに熱心なビジネスパーソンは多いですが、それに付加価値をつけて外部に発信しているビジネスパーソンは少ないです。インプットを自分なりに料理するセルフコーチングを行ない、アウトプットできるように編集するのです。第5章のM（学び）と情報発信は実はセットです（図6－7）。

■図6-7　インプットしたら必ずアウトプットする意識

キャリアを「見える化」することで、自分の売り物が明確になり、売り物が明確になると、それをクライアントに伝えることができます。

長年雇用で働いていると仕事は与えられるものという意識が強くなりますが、人生100年&80歳現役時代には、自らクライアントを見つけ、自分は何ができるか、物語で納得してもらう必要があるのです。

Point

M④（見える化）のポイント

- 自分の物語からキャリアの鉱石を掘り起こそう
- 積極的に第三者と自分のキャリアに関して〝壁打ち〟しよう
- 「見えないキャリアはないものと同じ」「発信されないキャリアもないものと同じ」

第7章

〈5つのM⑤〉マルチ化

――変化への順応力を高める

3つのマルチ化

最後のMは、マルチ化です。マルチ化には、次の3つのマルチ化があります。

①「経験・知識・スキル」のマルチ化
②「人脈」のマルチ化
③「収入源」のマルチ化

80歳現役計画を推進するためには、この3つを常に意識して計画を実行していく必要があります。

「経験・知識・スキル」をマルチ化する

複合スキルを意識する

ミドルシニアの財産は、今までつちかってきた経験であり知識でありスキルです。教育改革実践家の藤原和博氏が提唱する複数の領域で専門性を身につけ、掛け算的に独自のキャリアを構築する戦略こそミドルシニアが目指すべきキャリア戦略の1つです（次ページ図7－1）。

たとえば、東京タクシーセンターが主催する「外国人旅客接遇英語検定」に合格したドライバーは、羽田空港で国際線乗り場の検定合格者専用レーンに車をつけることができます。このレーンのメインのお客さまは、外国人観光客ですので、都心のホテルに向かう比較的長距離を待ち時間も少なく乗車させることができます。この事例は、「ドライビング×語学」の組み合わせにより独自のキャリアを構築している事例です。

ミドルシニアの皆さんは、間違いなく1つの分野では専門領域をお持ちですので、それ

■図7-1　自分なりの意見／付加価値

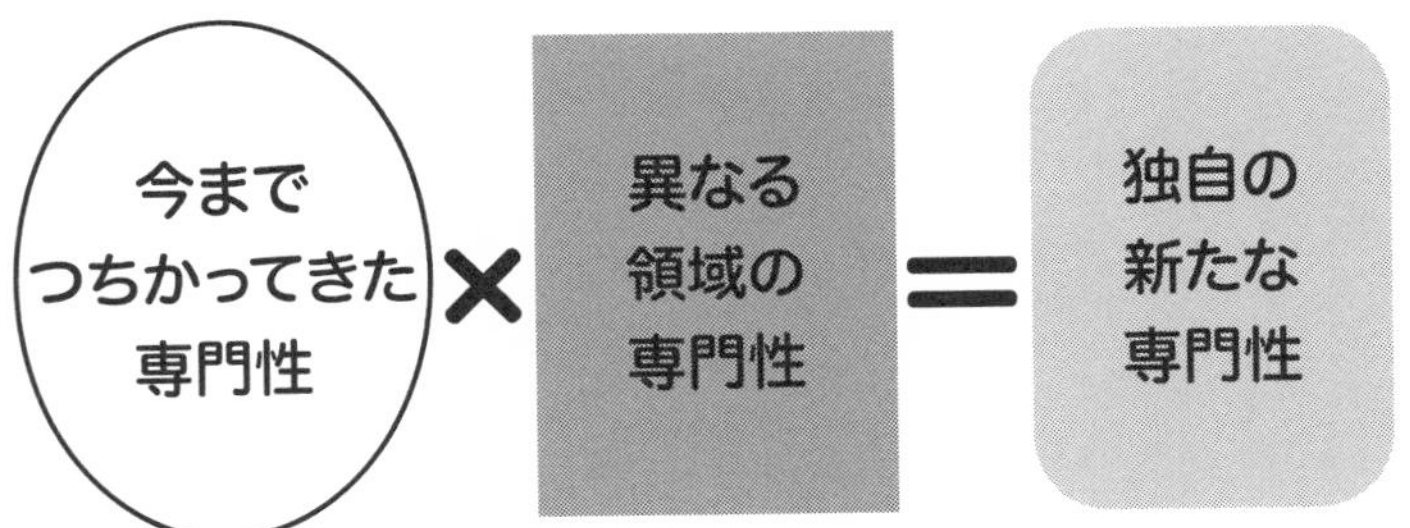

生産管理 × ISOの知識 ＝ ISO取得支援コンサルタント
営業経験 × コーチングスキル ＝ 販社営業職の研修講師
人事経験 × 業務フロー作成スキル
　＝ BPO（ビジネスプロセスアウトソーシング）コンサルタント
など

以外の領域の専門性を掛け合わせて自分独自のキャリアを構築すればいいのです。

日本的な働き方こそ複合スキル獲得の絶好のチャンス

コロナ禍を契機に多くの企業でジョブ型雇用の導入検討が進んでいることは、先述の通りです。

世界的なゲームチェンジが進む中、日本は生き残りをかけてイノベーション創出のための変革を起こしていかなければなりません。こうした中、高度成長期に効果を発揮した働き方や制度をいつまでも金科玉条のごとく守りつづけることはもはや不可能です。

とはいっても、ミドルシニアの皆さまは、長年メンバーシップ型雇用でキャリアを積んできました。ジョブ型もメンバーシップ型もそれぞれ長所、短所があります。われわれミドルシニアは、メンバーシップ型のメリットを享受してきましたので、まずはそのメリットを徹底的に活かし切る戦略をとることが賢明です。

次ページの図7－2と図7－3をご覧ください。ジョブ型雇用とは、ポスト管理にほかなりません。外資系企業の仕事の割り当て図がジョブ型、日本企業の割り当てがメンバーシップ型の仕事の割り振り方法と考えていただければと思います。

外資系企業では、役割ありきでポスト（ポジション）に仕事が割り振られています。

一方、日本企業では、今いる人に仕事が割り当てられます。図7－3のCさん（左から3番目）が辞めた場合には、その仕事は当然のようにBさんやDさんに割り当てられます。日本企業で退職する際に、「残った人に迷惑がかかる」と自責の念にかられる人がいますが、そうした思いを抱くのは、こうした事情からです。

仕事の割り振り方法の違いは、プロモーションにも影響します。172ページの図7－4は、外資系企業のプロモーションパターンです。たとえば、あなたが人事（HR）の係長だったとします。すぐ上の課長ポストに空きがあり、あなたがそのポスト要件を満たしていれば、課長ポストに昇格します。

■図7-2　外資系企業＝役割ありき

ポジション＝役割に当てはめられていく

■図7-3　日本企業＝人ありき

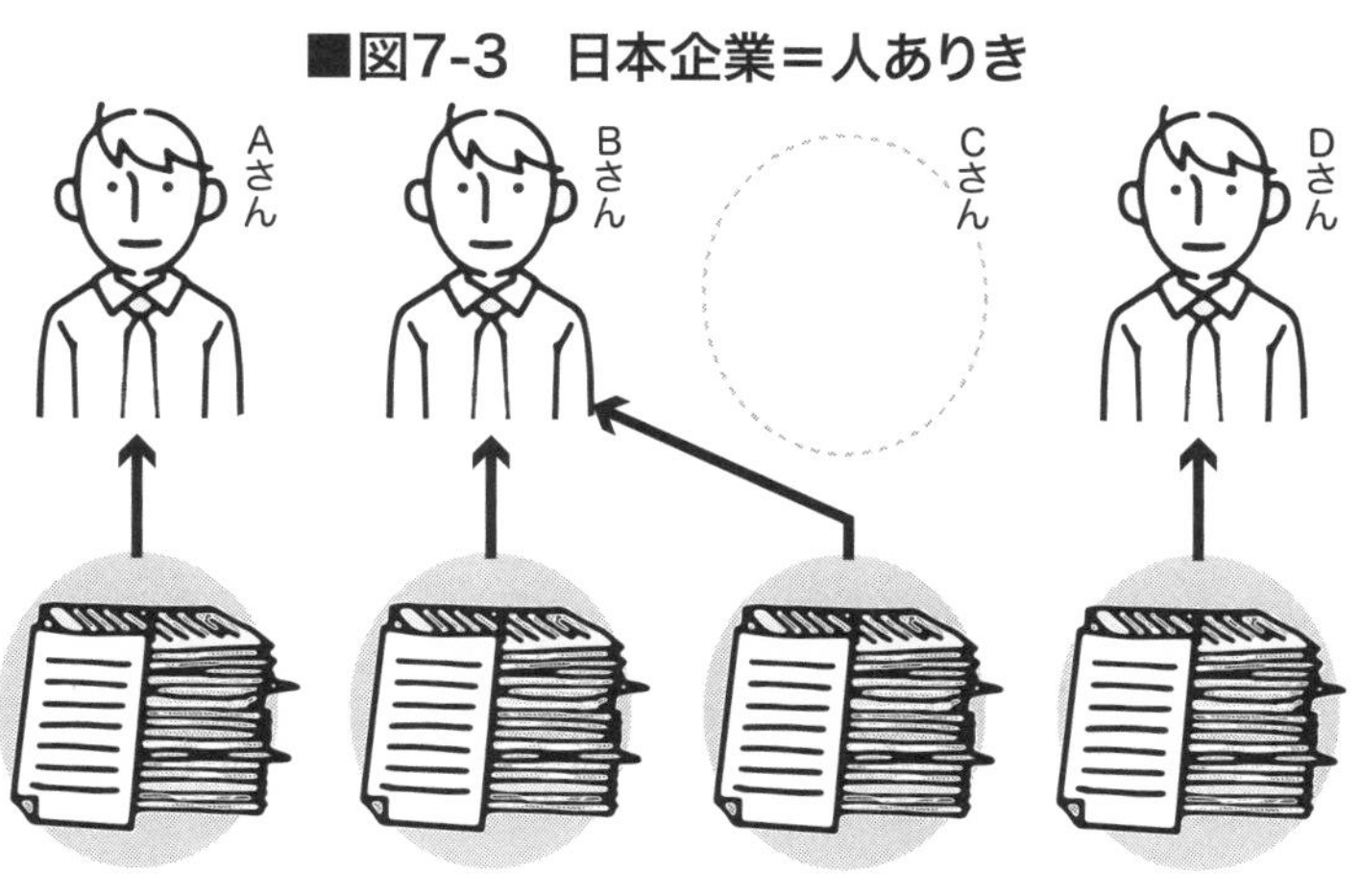

今いる人に仕事が振られる

■図7-4　外資系のキャリアプロモーションイメージ

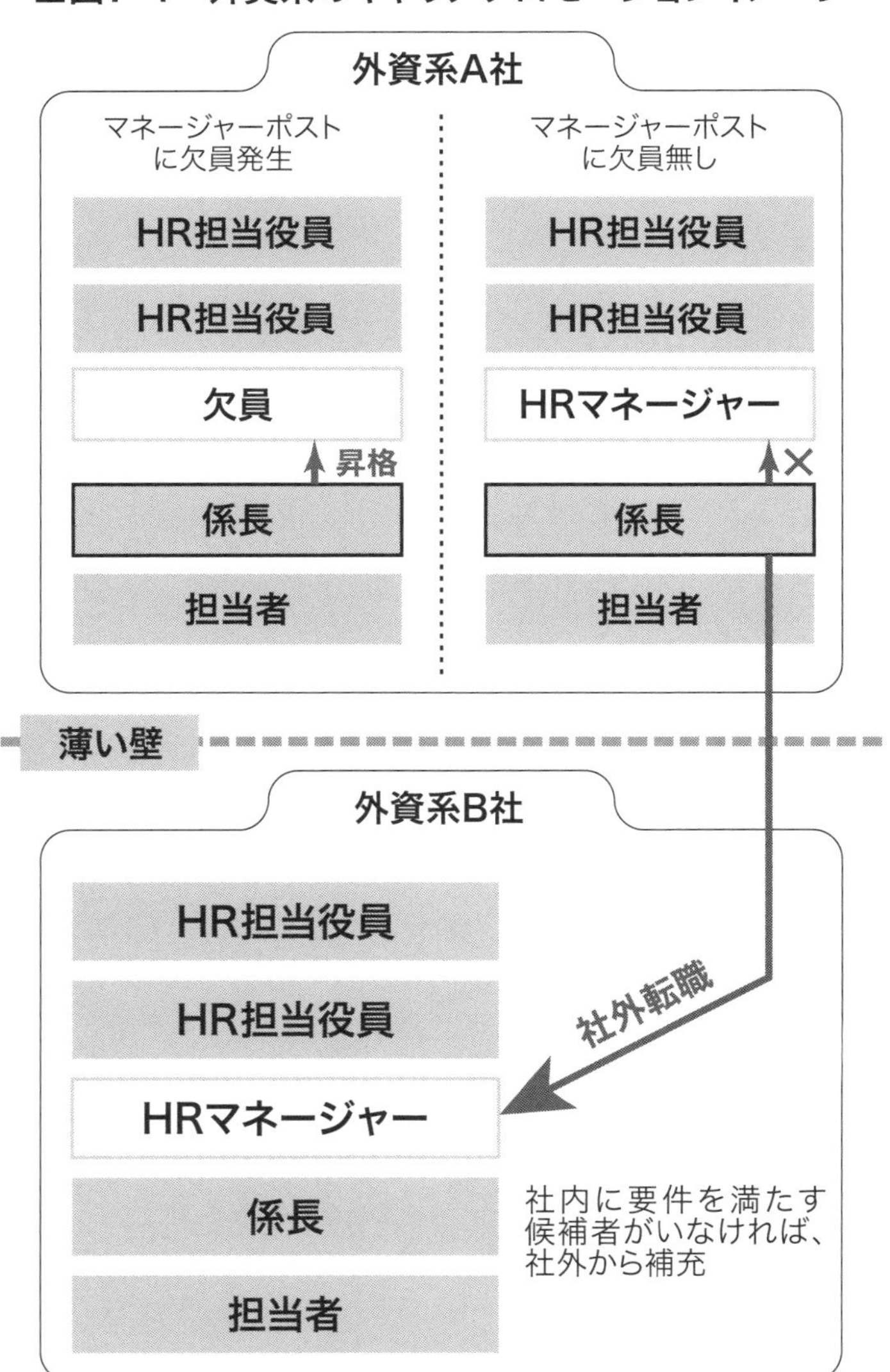

それでは、課長ポストがすでに埋まっていた場合には、どうなるでしょうか？ポストが埋まっていますので、この係長は、外部にポストを求めます。外資系の世界では、企業間の壁は薄く、比較的容易に転職をします。違う企業で課長ポストに就くことを考えるわけです。

一方、日本企業の場合、もしすでに課長がいた場合にはどうなるでしょうか？課長相当の等級に昇格している場合には、人事の中に業務改革プロジェクト担当課長のようなポストを新設して任命することもあれば、人事以外の部門（たとえば、営業や経理など）にも平気で異動させ昇格させたりします（次ページ図7−5）。

こうしたローテーションは、専門性が継続しないと最近は批判的に捉えがちですが、図らずも複合スキルが獲得できると考えるとメリットになってきます。社内で「リスクなき転職」が経験できているのです。社内異動ですので異動によって給与が下がることはありません。

筆者（木村）の場合で言うと、転勤を繰り返し外資系の感覚からすると6回は転職して

■図7-5　日本企業のキャリアプロモーションイメージ

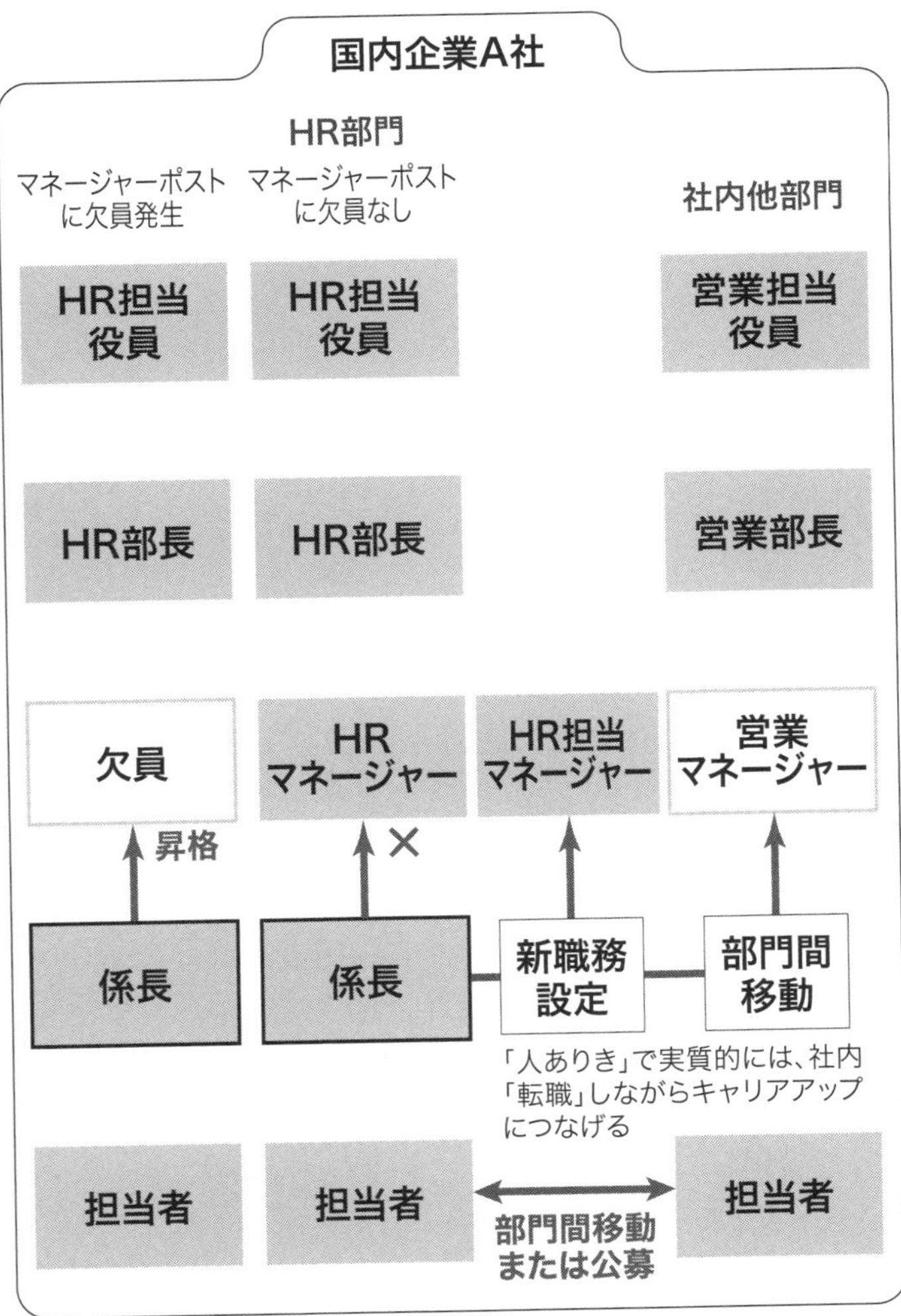

日本の企業に勤務する最大のメリットの1つ→「リスク無き社内転職」による複合スキルの獲得・養成

いるイメージです。会社から命ぜられるまま、異動を繰り返しましたが、図らずも〝リスクなき社内転職〟により開発、生産、人事、販売まで幅広く専門領域を広げることができました。「人事×調達×営業」などまさに複合スキルの獲得です。

「ロクゲン主義」で今の仕事を徹底的に極め尽くす

マルチ化を考える際に重要な視点として筆者（徳岡）が提唱している**「ロクゲン主義」**があります。三現主義とは、「現場で・現物を見て・現実的に」課題を解決しようとする姿勢のことで、メーカーの工場などでは基本動作になっています。この三現主義に知識創造理論の観点からさらに「原理・原則・原点」を加えたのが、「ロクゲン主義」です。

自分が今担当している仕事で疑問に思ったこと、理解できなかったことをスルーすることなく、徹底的に確認します。あいまいなところは、残さずに納得いくまで自分の担当領域に関しては原理・原則・原点まで調べ実践知に昇華することで、その分野に関しては日本の第1人者であることを目指すイメージです

まずは、ニュースで飛び交う今の仕事に関係する用語に着目し、芋づる式に知識を広げ

ていきます。

◎何を根拠にこの仕事をしているのだろうか？
◎この言葉は最近頻繁に耳にするが、正確な意味は何だろう？
◎この取引の利益の源泉はどこにあるのか？

このように、子どもが疑問を解決するように「なぜなぜ」を繰り返し確認します。

今の時代は、ネットを調べれば解決の糸口は見つかります。自分の専門領域であれば、ネット情報の真贋もわかります（ネット情報を見て真贋の判定がつく領域が自分の専門分野です）。

ネットで解決しなければ、書籍、論文、専門家への直接問い合わせなど、ありとあらゆる経路を使って疑問をつぶします。これを行動基準として日々仕事をしていけばその分野の第1人者になれます。複合スキルの貴重な一分野の構築完成です。

コロナ禍での教訓――ミドルシニアが担うべき仕事はこれだ

半ば強制的に始まったテレワークは、ＺｏｏｍやＴｅａｍｓといった遠隔会議ツールの〝意外な使い勝手の良さ〟もあり、大企業を中心に定着しています。

しかしながら、Ｚｏｏｍ、Ｔｅａｍｓでつながることができるといってもやはりそこはバーチャルの空間です。職場で一緒に働いていたときには、自然に五感を通じて受け取っていた情報量は明らかに減りました。視覚からの情報入手すら遮断されるビデオオフでのＺｏｏｍミーティングでは、その傾向は顕著です。

職場で一緒に働いている場合には、誰かが困っていればすぐに気がつきました。同じグループはもちろん隣の島のグループですら、何かトラブルが発生し、メンバーが慌ただしく動いていれば視界の隅に自然に入ってきます。ほかのメンバーが困っていたら、一言声をかけ必要に応じて応援にも入ってきました。こうした生活協働体が日本の会社、職場の強みになっていたのです。

また、今回のテレワーク経験によってテレワークになじまない仕事、条件などもわかってきました。

まず、テレワークでなじみにくかったのは、「直に会って行なう必要のある業務」、たとえば「前任者・後任者間の業務の引き継ぎ」です。業務引き継ぎは、オンラインでは圧倒的に効率が悪化しました。結局業務をよく知る前任者がそのまま仕事をこなし、どうにか乗り切ったケースも多いのではないでしょうか。

すでに信頼関係が構築されている場合やお互い既知の情報が多い場合には、オンラインでも互いに行間の情報を補足・想像しながら進めることができます。ところが、こうした土俵を持たない中途入社組や新入社員を交えてのオンライン業務も、人間関係を含め蓄積情報が少なく、前提となるスムーズなコミュニケーションが成り立ちにくいことに気がつきました。

あえてこうしたテレワークになじまない仕事を狙い目として、自らのスキルを徹底的に磨き上げていくこともミドルシニアのキャリアマルチ化戦略の1つです。

たとえば、「業務の引き継ぎ」です。

引き継ぎには、業務マニュアル、業務フローの存在が前提になります。会社としては優先度も重要度も高い業務ですが、日々のタスクに追いかけられている若手層の従業員にとっては、業務の標準化は「やっても評価されない〝労多くして益なし〟業務」と考えられています。

この隙をついて**長年つちかった自らのノウハウ、職場に蓄積されたノウハウを標準化し「業務の伝承者」としてキャリアのマルチ化を目指すのも1つの戦略です**。これは第2章で述べた3つのベテランロールのうちの1つであるレジェンドの役割になります。

今回のテレワーク経験によって、ご自身の業務スキルに関しても「出社してやらなければならない仕事・テレワーク（オンライン）でできる仕事」「自分しかできない仕事・ほかの人の替えが効く仕事」に切り分けることができるようになりましたがこれはマルチ化のきっかけに使えます。

そこで、キャリアの棚卸しで徹底的に洗い出したご自身の業務スキルを次のような4象限のマトリックスで整理していきます（次ページ図7−6）。

縦軸に「テレワークで対応不可↕テレワークで対応可」、横軸に「自分しかできない↕

■図7-6　業務をマトリックスで整理する

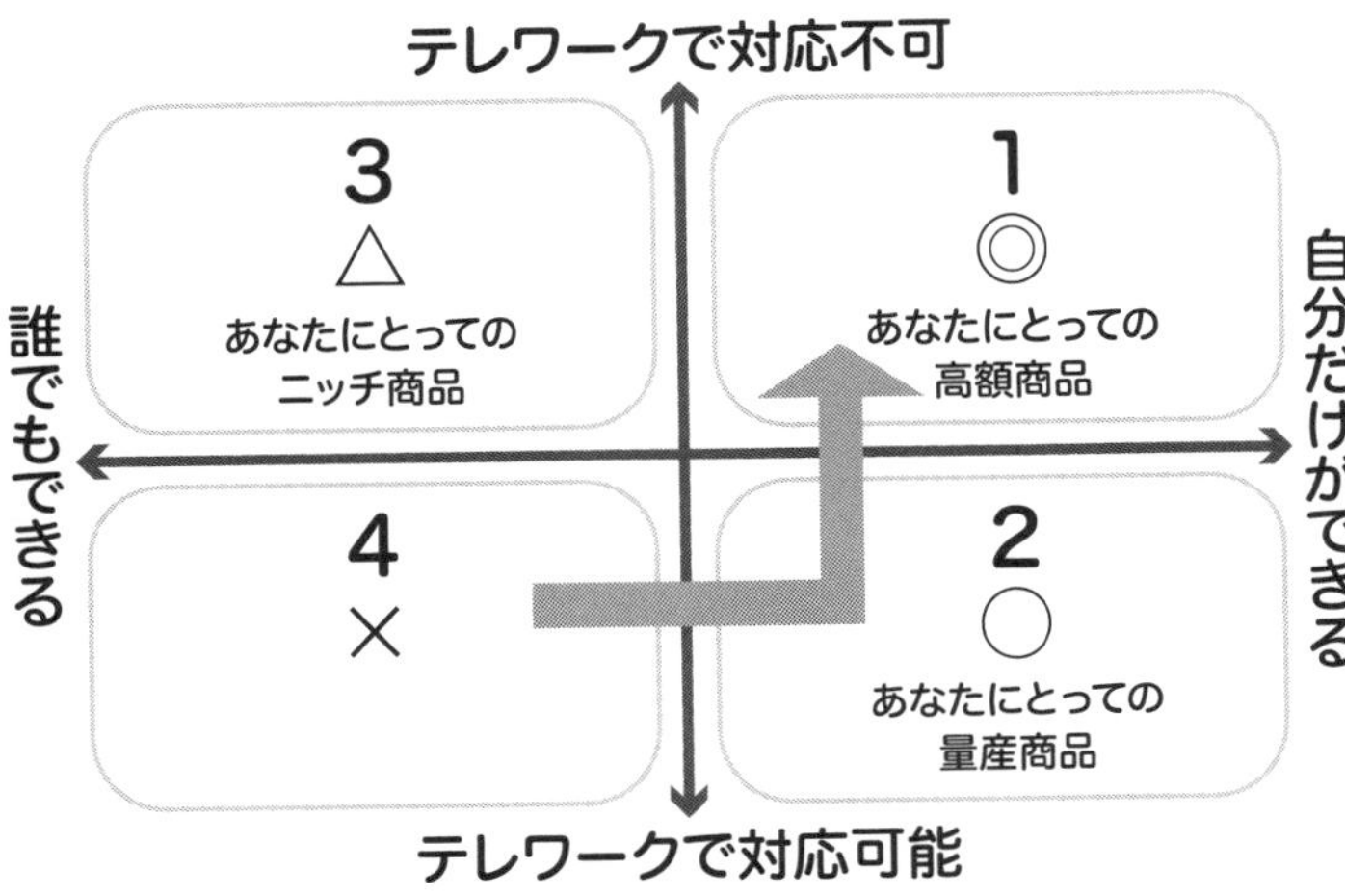

誰でも対応可能」を取り、棚卸しした自分の仕事（キャリア）を当てはめてみるのです。

まず4象限に頼った仕事ぶりではこれからはリスクです。その仕事は瞬時に海外へ移転されると覚悟しておいたほうがいいです。

2象限の仕事は、テレワークが定着しても対応可能な、あなたにとって稼ぎ頭となる仕事であり、〝量産商品〟でもあります。この領域に関するIT技術の進み具合に常にアンテナを立て、効率よくこの商品を売る力を付けておくことが重要です。

1象限は、ほかの代替が効かずあなたが直接対面で対応しなければならない仕事です。ミドルシニアにとって、全人格を売りにした対面でのサービス提供は強みであり、他者が参入できない領域です。この領域の仕事もあなた独自のサービスとして商品性を上げていくことが生き残り戦略となります。

3象限も実は狙いどころです。今後、テレワークでの業務遂行が定着するにつれ、「誰でもできるが誰かが現場に赴いてやらなければならない仕事」は、誰も拾いたがらない三遊間業務となり、毛嫌いされる傾向が強くなっています。長年の通勤に慣れ出社することをいとわないミドルシニアが「何でも屋」として積極的に引き受けることで自分のオリジナル商品としていくことも考えていいと思います。あとで説明する「3万円ビジネス」をこの領域で確保しておくことも、マルチ化戦略として有効です。

テレワーク時代だからこそ求められるこうしたスキルを複数の領域で磨いていくことがミドルシニアにとって生き残りのカギになります。

人脈のマルチ化

対面での接触が制限され、テレワークにより営業活動が低調になったかといえばそうでもありません。営業の方と話をしていると、ＺｏｏｍやＴｅａｍｓ利用が行きわたることにより、クライアントとのファーストコンタクトのハードルが低くなったという話をよく聞きます。

直接対面で会うアポを取ることはなかなかハードルが高いですが、Ｚｏｏｍなどオンラインであれば会議室や応接室の確保も不要で、参加人数にも制限がありません。クライアント上位者の多くも在宅でテレワークを行なっていますので、移動時間がなく、心理的な参加のハードルが対面に比べれば低いようです。

しかしながら、ファーストコンタクトのハードルは下がりましたが、その次の踏み込んだ2回目以降のアポはかえって取ることが難しくなったという声もよく聞きます。

対面でのリアルの面談では、本題に入る前に時候のあいさつからお互いの週末の出来事、趣味や住まいの話など前段のやり取りから始まり、そこでのお互いの感触を踏まえ、詳細は次回へというプロセスが予定されていました。

それが、オンライン会議の際には、前段のインフォーマルな情報交換の時間がなく、予定された時間にいきなり会議に入り、決められたアジェンダについて話が進められます。終了時間もリアルな会議に比べて厳密に守られることが多くなりました。

オンライン会議により、以前のダラダラした対面での会議の生産性のムダが顕在化し、会議自体の生産性は格段に上がったのですが、一方人と人とのつながりの面では、リアルな名刺交換もなく、五感で感じ取れる情報量が低くなり、お互いの認知の度合いは低くならざるを得ません。

しかし、これからミドルシニアに求められる資産の1つが目に見えない無形資産である人脈なのです。人脈は一朝一夕では蓄積できません。その蓄積には時間も手間もかかりますが、働く期間が長期化し会社という拠り所の位置づけがどんどん低くなる人生100年&現役80歳時代においては、従来以上に意識的に社外人脈を蓄積していく必要があります。テレワークの進展など、仕事の仕方の変化により、人脈形成については従来以上に難しくなっています。従来と同じ意識では、人脈構築の面から言うと明らかに後退であり、これからはより意識的に人脈を構築していく必要があります。

リアルでの接触がますます少なくなる今後は、自ら積極的に動いて意識的に社外人脈を広げていく必要があります。これが人脈のマルチ化です。

独立行政法人 労働政策研究・研修機構が2016年4月に発表した報告書「中高年齢者の転職・再就職調査」を見ると、年齢が高くなるほど、人材紹介会社やハローワークといった機関・サービスよりも、「縁故」で決まる比率が高くなっています。「縁故」というのは、人脈活用にほかなりませんので、この事実は頭に入れておく必要があります。

人脈とは、あなたが今までキャリアを歩むにあたって、どのように人と関係を築いてきたのかを表すバロメーターであり、あなたが蓄積してきた信頼そのものです。

会社で常にトップを走りつづけ、ライバルを蹴落として社内のポジションを獲得してきたビジネスパーソンは、キャリアの最後でしっぺ返しをくらう可能性があります。自分の業績アップの踏み台として同僚、外部クライアントを使ってきたビジネスパーソンを進んで助けようとする人は残念ながらいません。

「定年60歳で後は年金生活」という優雅な時代は、「上には弱く下には強い」ヒラメ型キャリア戦略でも通用しましたが、これからは無理です。

会社という組織を離れてからあなたの今までの積み上げてきた信頼という財産が活きてきます。人脈は新たなビジネスチャンスを引き寄せる現実的な誘導路になるとともに、いざというときのためのセーフィティネットになります。社内人脈だけでなく意識的に動いて社外人脈も蓄積していく、これが人脈のマルチ化です。

会社の制度を活用する

今の会社の仕事を通じて人脈をマルチ化する方法をご紹介します。

①出向

2020年にも続編がブレークしたドラマ「半沢直樹」の影響もあり、一般的にはネガティブな印象がついている「出向」ですが、一挙に人脈を2倍にできるスーパー人脈マルチ法です。出向制度は、どこの会社にもあるわけではありませんが、もしあなたのお勤めの会社に出向するチャンスがあるのであれば、ぜひ積極的にエントリーすることを考えてみてください。

筆者らもサラリーマン生活の中で徳岡は留学を含め2回、木村は3回の出向を経験しましたが、出向先ごとに人脈が2倍になりました。

今回のコロナ禍でANA、JALの職員の方が家電量販店のノジマやKDDI、地方公共団体など航空業界以外の業種・企業に出向に出たことが話題になりました。

今までとは異なる業務や環境で働くことにより、負荷が大きくなったと感じている社員の方もいらっしゃると思いますが、出向にはそうした苦労を超える人脈マルチ化という大きなメリットがあります。

多くの場合、給与は元会社の基準で支払われますので変わりません（ドラマでは大幅に条件が悪くなるように描かれることが多いですが在籍出向の場合には原則変わらないので、誤解です）。

今回の航空会社のケースは、異業種で働くケースが多かったかと思いますが、通常の出向では、今までの仕事に関連する仕事に従事することが多く、自分の専門性をさらに拡大、深化させることができます。

異業種で異なる職種への出向の場合でも、本章冒頭で解説の通り、「経験・知識・スキル」のマルチ化につながります。一石二鳥的に「人脈」＆「経験・知識・スキル」のマルチ化が図れる出向は、ミドルシニアはぜひ積極的に受け入れるべきキャリアの選択肢です。

②ボランティア活動

東日本大震災、熊本地震など災害時やオリンピックのような国際的なイベントが開催されるときなど、企業は社会貢献活動の一環として社員のボランティア活動を認めることがあります。

もちろん、生半可な覚悟では応募はできませんが、こうしたボランティアに興味関心があり、貢献意欲が高い方には、ぜひボランティア活動に参加することをおすすめします。

NPO法人、地方自治体など会社組織とは異なる行動原理で動いている組織、人との協働は、今後のキャリア観に大きな変化を与えます。また、利害関係の無い企業組織とは異なる人脈を拡大することができます。もし、このようなチャンスがあればぜひ積極的にチャレンジしてみることを強くおすすめします。また、会社の制度とは別にプライベートの活動として休日を利用して地域のコミュニティ活動へ参加することもとても有意義な人脈マルチ化になります。

③外部委員会

筆者（木村）のサラリーマン経験の中で、（社）日本自動車工業会という業種団体に出向していたことがあります。こうした業種団体では、会員企業のメンバーを構成員とする各種委員会が設置されています。もしあなたがこうした外部委員会に参加するチャンスがあるのであれば、積極的に参加されることをおすすめします。

委員会のメンバーは、同業他社で同じ仕事を担当する方々です。自社で常識と思っていたやり方が実は業界では非常識であることに気づきます。また、何よりも自分の専門分野に関する他社の取り組み状況、問題点など幅広い情報交換が可能です。

1年間など比較的長期にわたって委員会が行なわれることも多く、長く継続する貴重な社外人脈の構築が可能です。筆者の場合も、委員会活動が終わって15年以上経った今でもこうした昔の委員会メンバーとの交流は続いています。また、その当時勤めていた会社から他社に転職・独立したメンバーからお声がけがあり、一緒にコラボしてお仕事をするケースもあります。

会社外の活動に自ら参加する

前述のような機会がない場合には次のような活動も人脈マルチ化のためには有効です。単発のイベント交流会、ビジネス交流会・勉強会、Ｗｅｂ上のオンラインサロン、長期の大学・塾など多様な選択肢がありますが、人脈のマルチ化という観点でおすすめな活動を紹介いたします。

①ライフシフト大学

この本の共著者、徳岡が理事長を務めるライフシフト大学に参加するのも人脈拡充には効果的です。ライフシフト大学は、人生１００年&仕事人生80年を見据え、中高年の学び直しの場、人生を豊かにするための視野拡大の他流試合の場が提供されています。

異業種の仲間との学び直しで、５カ月間にわたり、「知の再武装」に気兼ねなく取り組めます。ミドルシニアからのキャリアの知識・スキルのマルチ化、また、人脈のマルチ化のためには、現在考えられる最適の場になっています。

②業務関連外部セミナー

担当の業務に関して、法改正情報を入手したり、新たな対応・対策情報を入手したりするために外部研修会に参加する場合があります。

こうした研修会は会社が費用負担をしてくれる場合もあれば、費用負担してくれない場合もあります。たとえ、会社が費用負担してくれない場合でも、自分の専門分野の高度化、マルチ化に役立つと思えるなら、ぜひ自分への投資として自費でも参加されることをおすすめします。

研修会には、同じ仕事を担当し、同じ問題で悩む同業者が参加しています。前後左右に座った参加者とは、あなたから積極的に声をかけ、名刺交換を行ないましょう。研修会後に実務レベルで対応に迷ったときには、連絡を取り合うことで解決策を見つけることもできます。

情報交換をするときの注意は、ＧＩＶＥ＆ＴＡＫＥの原則を守ることです。自社の情報は提供せずに他社情報だけをもらおうとするのでは虫が良すぎます。感覚的には、GIVE×5に対してTAKE×1くらいの意識でいると関係が長く続きます。

③セミナー終了後も受講者間の交流が続くスキル研修セミナー

比較的長期で、講座終了後にも受講者の学び直しの機会（エクステンションセミナーなど）があり、受講者の同期会があるようなセミナーに参加することも効果的です。ライフシフトプランナー養成講座、キャリアコンサルタント養成講座、ライフデザイン・アドバイザー養成講座（ビューティフルエージング協会）などが該当します。

選択にあたっては、自分が実際に興味関心のある領域の実際知識・スキル・資格が実際に獲得できる講座を選ぶことがポイントです。興味関心がある領域でないと参加のモチベーションが維持できません。

また、自己啓発セミナーなどと称しても実質はマインドコントロールのためのセミナーもあります。セミナー商法と言われますが、セミナーを受講させることにより、組織に都合のよい人間に洗脳し、高額な教材や商材を買わせて通いつづけさせるような、参加者から多額の金銭を巻き上げる悪徳なものもありますので、選択に際しては十分な注意が必要です。

④趣味・専門分野のオンラインサロン

オンラインサロンは、Ｗｅｂ上で展開されるクローズドなコミュニティです。インターネットで探してみると、自分の専門分野、趣味に関係するサロンが見つかると思います。オンラインでのつながりが中心ですが、オフラインで分科会を開催したり、有志でリアルに会ったりすることもあります。

初めてオンラインサロンに参加する場合には、まずは自分が本当に興味ある領域から始められることをおすすめします。自分の興味関心のある領域なら、サロンのレベルが一発でわかります。

「弱い紐帯」の重要性

「弱い紐帯(ちゅうたい)」という言葉をご存じでしょうか?

1973年にスタンフォード大学教授のマーク・S・グラノヴェッターが発表した社会ネットワークの概念です。

これは、**家族や親友、職場の仲間といった社会的に強いつながりを持つ人々よりも、友だちの友だちやちょっとした知り合いなど社会的なつながりが弱い人々の方が、自分にとって新しく価値の高い情報をもたらしてくれる可能性が高い**という説です。

社会的に強いつながりを持つ人々は生活環境やライフスタイル、価値観などが似通っているために、自分と同じ情報を持つことが多い。一方、つながりが弱い人々であれば、自分とは違ったライフスタイルや価値観などを持つので、思いもよらない情報を与えてくれる存在になり得るということが弱い紐帯が重要な効果を発揮する理由です。

人脈というとどうしても強固なつながりを持つ昔からの大親友的な関係でないと役に立たない、中途半端な人脈など不要と思いがちですが、決してそうではありません。

筆者らの経験でも、仕事上のコラボは、昔からのよく見知った友人・知人とのコラボはほとんどありません。仕事の紹介も、強い紐帯からは少なく、「ある時期同じコミュニティに属していたが、その当時はほとんど話したこともない」というようなまさに「弱い紐帯」の人経由のほうが圧倒的に多いです。

自分は会社中心の人脈で「自分には人脈がない」と思っている方も多いかと思いますが、自信を持って弱い紐帯を広げることを考えてみてください。

つながりは持とうと思えば必ずつながる!

人脈をマルチ化するためには、自らつながる意思を持って積極的に動く必要があります。自分の興味・関心事で少しでもわからないことがあれば、「ロクゲン主義」に基づき、インターネット、書籍、専門家への直接問い合わせなど、ありとあらゆる経路を使って疑問をつぶします。

「専門家への直接問い合わせなんか無理、できないよ」と思われる方もいらっしゃるかもしれませんが、行動してみると意外にアクセスは容易です。

すべての人や物事は6ステップ以内でつながっていて、友だちの友だちを介して世界中の人々と間接的な知り合いになることができる、という「6次の隔たり理論」という仮説があります（図7－7）。イェール大学の心理学者スタンレー・ミルグラム教授によって1967年に行なわれたスモールワールド実験が有名です。この実験では平均5・6人で1人の人物のたどり着けたといいます。

自分が興味・関心があることがあれば、「6次の隔たり理論」を使って行動してみることをおすすめします。日本国内であれば6次と

■図7-7　6次の隔たり理論

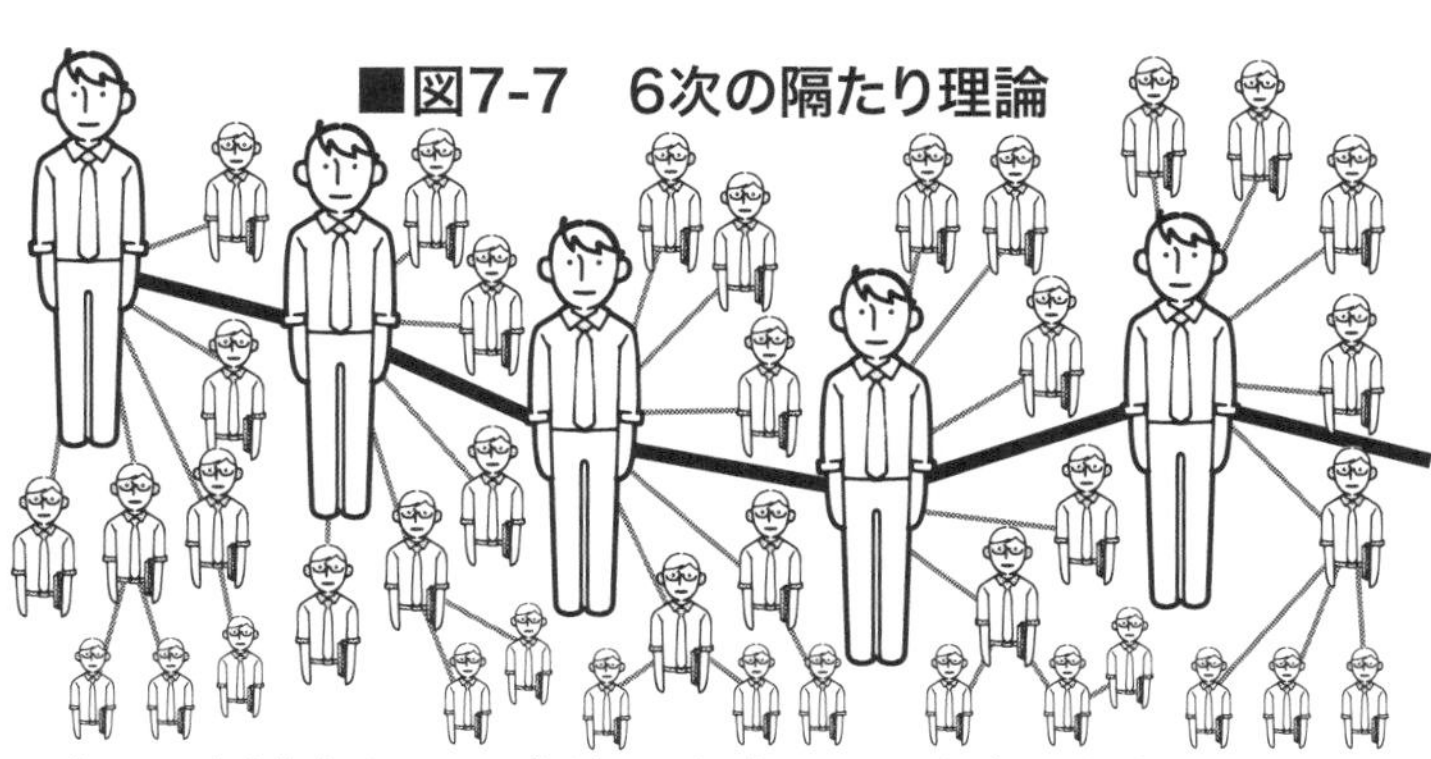

・すべての人や物事は6ステップ以内でつながっていて、友だちの友だち……を介して世界中の人々と間接的な知り合いになることができる、という仮説
・一般に6次の隔たりを語るうえで多く言及されるのが、イェール大学の心理学者スタンレー・ミルグラム教授によって1967年に行なわれたスモールワールド実験
・実験では平均5.6人で1人の人物のたどり着けたという
・自分が興味・関心があることがあれば、「6次の隔たり理論」を使って行動してみる
・探し出せれば直接コンタクトを取ってみる

言わず3次の隔たりで目的とする人にたどり着けると思います。

本を読んでさらに知りたいことが出てきたら、知り合いの知り合いをたどってアクセスを試みてみる。本を読んで感銘したら出版社に読後感想文を送ってみる。6次の隔たり理論も、人脈のマルチ化を進めるうえでも勇気を与えてくれる理論です。

本書の冒頭でこれから2027年にかけて、殺伐とした自己中心主義が見直され、もっと暖かく人同士が助け合う関係性が重視されるようになると予想しました。自己利益至上の利己主義（selfish）から利他の精神（altruistic）への変化です。


『Pay It Forward』という映画をご存じでしょうか？

2000年に封切られたアメリカ映画で「恩送り」をテーマにしています。AさんがBさんに恩を与える。BさんはAさんに恩を返すのではなくCさんに今度は恩を送ります。CさんはAさんやBさんに対して恩を感じながら、別の人に恩を伝えていく。やがて社会には互いを思いやり、自然にポジティブな好循環が生まれます。

こうした「恩送り」が6次の隔たりネットワークにより、幅広くネットワークを広げ、予期せぬ効果や新たな出会いを導いてくれるものと信じています。ネットワークのマルチ化を考えるうえで非常に重要な考え方です。

“収入源”（拠り所）のマルチ化 ――「自立とは依存先を増やすこと」

「自立とは依存先を増やすこと」という言葉は、脳性まひの障害を持つ小児科医の熊谷晋一郎さんの言葉です。一見矛盾したようにも感じるこの言葉ですが、働く期間が長期化し、変化の幅を大きなこれからの時代を自由にストレスなく自立して生き抜くための至言です。

「自立」というと誰にも頼らないで、1人で生きていくことのように思いますが、実はそうではありません。終身雇用時代のサラリーマンのように1つの会社に滅私奉公することはこれからの時代かえってリスクです。むしろ、依存先を1カ所に絞らず、複数持つことが重要です。

依存先を増やす際に参考となる考え方が、「非重化工房」代表の藤村靖之さんが提唱する「真の豊かさを実現するための仕事の在り方」を目指す「月3万円ビジネス」という考え方です（図7－8）。

「月3万円ビジネス」とは、特別な技術や能力、資本がなくても、誰にも始められる「3万円」単位のスモールビジネスを対象とします。少額ですので、大資本の参入もなくライバル競争も生まれません。

たとえば、今30万円の給与を得ている人は、「3万円程度ではこづかいにもならない、せめて30万円という給与をカバーする程度の兼業・副業でないと意味がない」と考えがちですが、そうではありません。

収入のマルチ化の第一歩として、ぜひ「3万円ビジネス1つ立ち上げる」ことをあなたの今年の必達目標の中に入れてください。

どんな3万円ビジネスでも結構です。たっ

■図7-8　「月3万円ビジネス」の考え方～藤村靖之氏の考え方～

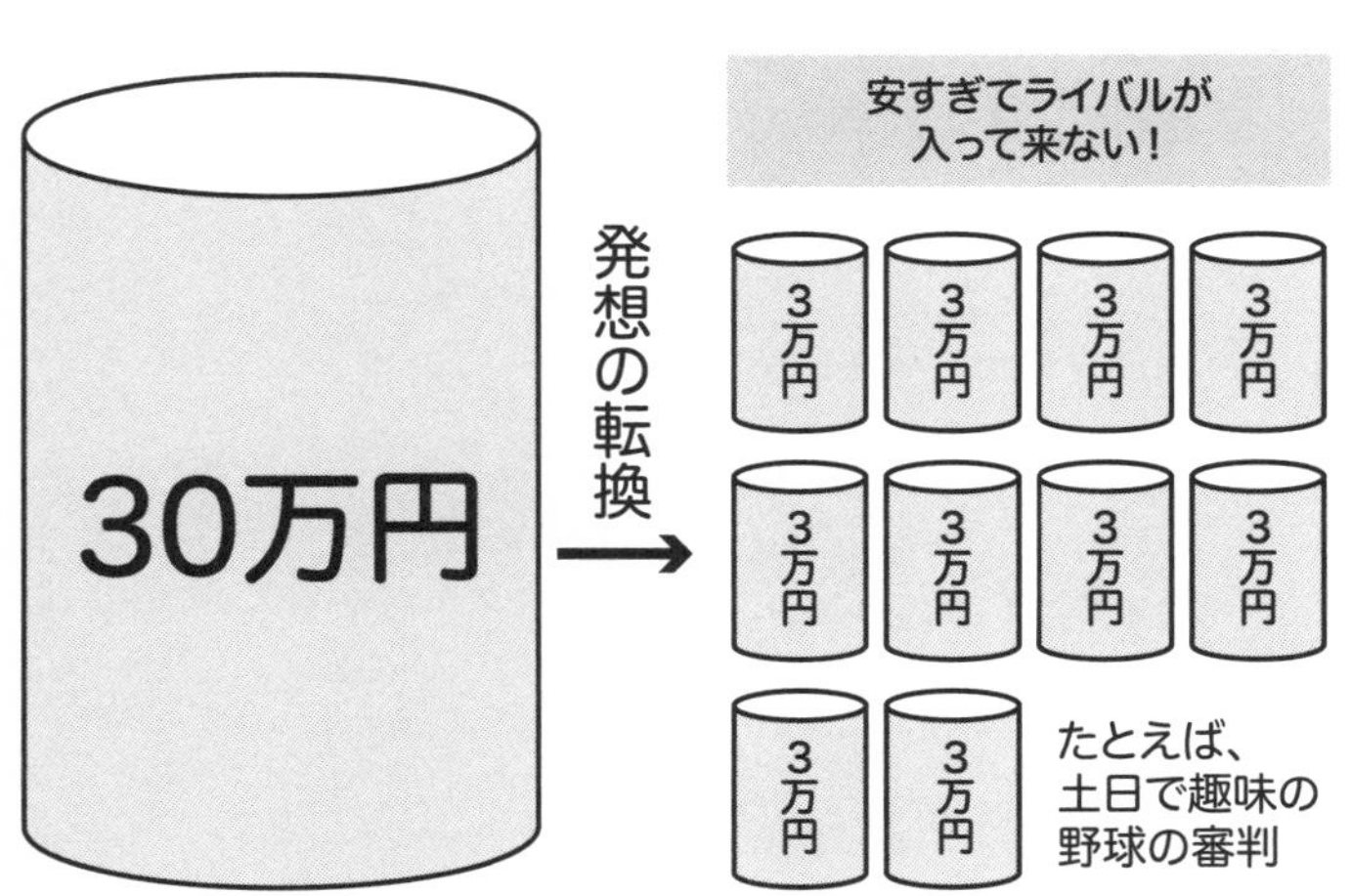

た1つでも会社以外から収入を得る経験をすることに大きな意味があるのです。3万ビジネスを1つ立ち上げる過程で、思いがけない出会いがあり、図らずも人脈のマルチ化も図れます。立ち上げの効果は絶大です。

個人事業主的な働き方

コロナ禍の最中、2021年4月1日に企業に対して希望する高齢者が70歳までは働けるようにするための改正高年齢者雇用安定法（通称「70歳就労確保法」）が施行されました。

筆者（木村）は、8年前に会社員を辞め、今は個人事業主として業務委託契約を締結してサラリーマン時代も担当していた人事の仕事をしています。独立後にサラリーマンの友人から「どんな働き方をしているのか」としばしば聞かれましたが、個人事業主として業務を請け負う働き方はなかなかイメージしてもらえませんでした。

今は簡単です。というのも皆さんが今回強制的に体験したテレワークの働き方が、筆者の個人事業主としての普段の働き方そのものだからです。仕事の内容、状況に応じて在宅で仕事することもあれば実際に出社してサラリーマン同様職場で働くこともあります。

先ほどの70歳就労確保法は、定年延長や継続雇用制度の導入など従来の制度に加え、企業が、独立した元従業員に業務を委託することなども想定しています。個人事業主として働く環境はできつつあるのです。

多くの企業で兼業・副業が許可され、今勤務している企業だけでなく業務委託で他企業と働くこともはや当たり前の働き方になりつつあります。70歳近くになって、台風のときも大雪のときも遠距離通勤を続ける人生は、あなたの希望に本当に合っているでしょうか。

毎日出社することを当たり前とせずに自分の強みを軸として、キャリアをマルチ化し個人事業主としての働き方をセカンドキャリアに想定されてはいかがでしょうか（図7－9）。

■図7-9　これからはパラレルワークが当たり前になる

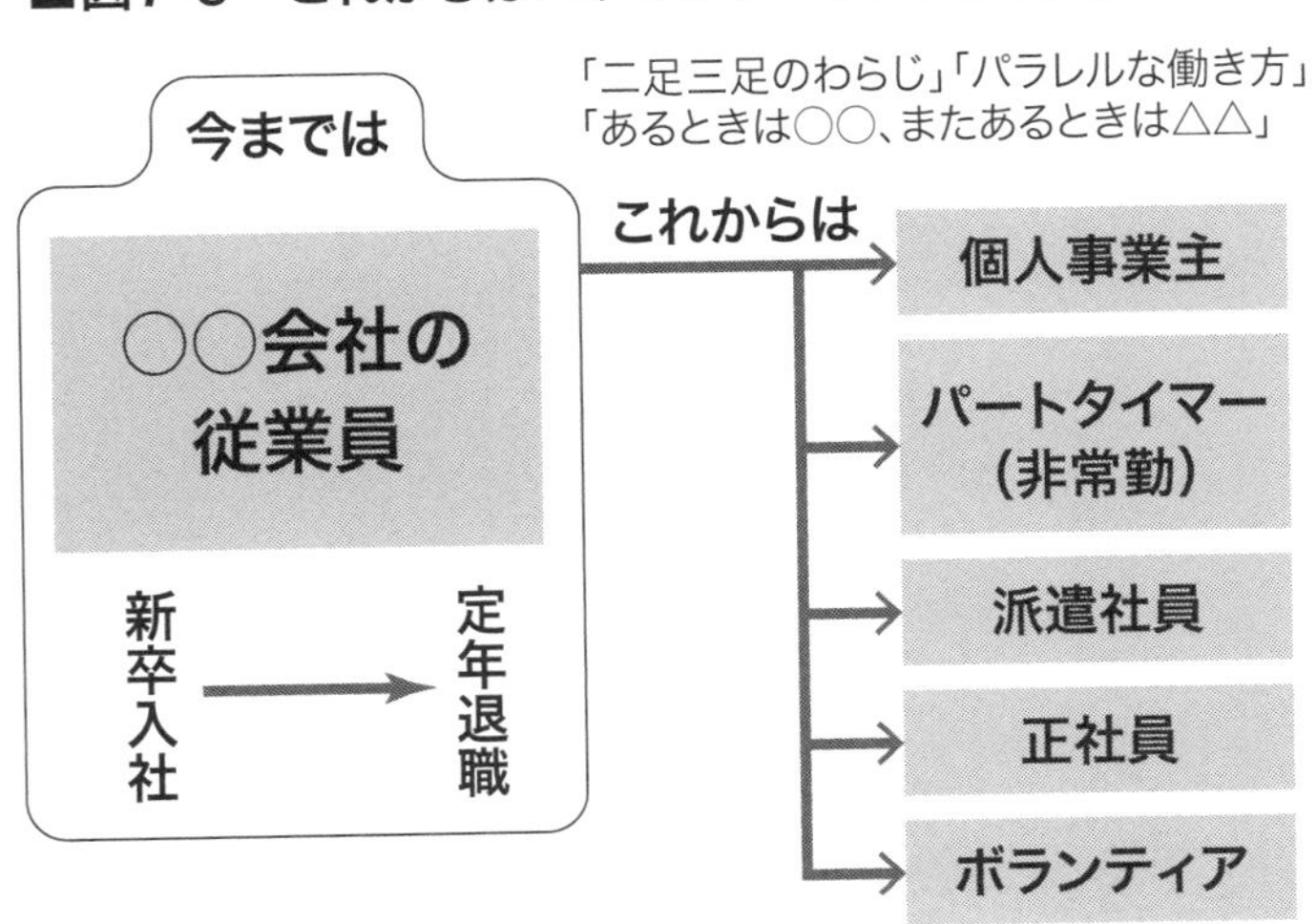

今回図らずもテレワークを体験したミドルシニアにとって個人事業主として働くことは決して遠い夢物語ではありません。

Point

M5（マルチ化）のポイント

- 3つ（「経験・知識・スキル」「人脈」「収入源」）のマルチ化を意識する
- 「ロクゲン主義」で今の仕事を徹底的に極めつくすことを考える
- 自立とは依存先を増やすこと

終章

ミドルシニアの皆さまと企業人事部へのメッセージ

冒頭で２０２７年の未来予想図を示し、第１章でその解説を、第２章では未来予想の中から「働き方」の部分にスポットを当て日本版ライフシフトに言及するとともに、第３章から第７章では、変身資産拡充のカギになる「５つのＭ」について解説させていただきました。

終章では、筆者からのミドルシニアの皆さまへのメッセージと企業人事部に対するメッセージという形で、本書のまとめを行ないたいと思います。

ミドルシニアに対するメッセージ

5Mを実行に移すためのコツ

本書では、未来予測を含めてミドルシニアの皆さまには考えたくないような厳しい環境変化を遠慮なく提示させていただきました。「極端な予想だ」「自分の業界には関係ない」「起きてもいないことを考えてもしょうがない、そのときになったら考えればいい」という感想をお持ちになった方もいるかもしれません。第３章でも同様な事例を取り上げておりますが、今一度、以下の事例にお目通しいただければと思います。

【事例】

今在籍している会社がM&Aの対象となり、1年後（○○年○月）海外投資会社に売却されることになりました。本社はシンガポールに移転となり、経営陣と主要管理職ポストは、新たな株主となったファンドから送り込まれ、あなたの所属する部門自体も新会社のスコープ外として閉鎖されることになりました。あなたは今の会社を退社し、新たな道を探さなければなりません。若干の退職加算金と再就職支援サービスが付加されますが、こうした状況に対してあなたはどう行動しますか？

終身雇用を前提としたひと昔前までは「不運な一部ビジネスパーソンのみが対象となるレアケース」と思われたこうしたケースも残念ながら多くのビジネスパーソンの身近な現実になっています。1年前にはまったく想定していなかったこうしたキャリアイベントがわが身に振りかかり、強制的にセカンドキャリアを模索されている多くのミドルシニアがいます。

5Mを実行に移すためには、これらの事例を他人事と受け流したり、見なかったり聞かなかったフリをせず、自分事として捉えることです。

こうした環境変化を「想定外から想定内にしておく」ことが、あなたのセーフティネットになると同時に「人生100年&80歳現役時代」の現実的な準備を開始するモチベーションになります。リアルな設定であればあるほど検討すべき課題が明確になり、行動すべきこともはっきりします。

◎教育費、住宅ローンがかさむこれからの時期をどうしのいでいくか?

◎自分が転職した場合にどれくらいの市場価値があるのか?

◎再就職サービスとは何をしてくれるのか? 再就職を保証してくれるのか?

その前に自分のキャリアを見える化した履歴書、職務経歴書も作成しなければなりません。家族への相談も必要です。すぐに取り組むべき課題が次から次へと出てきます。

5M実行の推進力は、いかに今後に予想される変化を自分事と捉えられるかです。未来図や第1章でご紹介した変化の中であなた自身に起こり得る可能性が高い事例を選んで、まずはその対応について考え抜いてみてください。

そのプロセスを通じて結果として5Mが実行され、環境変化に対応するあなた自身の変身資産が身についていきます。

これだけやればいいのだからまずは始めよう！

第3章から第7章で解説した5Mの中から「これだけやればいい」というミニマムの処方箋を選び出してみました。

選び出した5つのアクションは、以下の通りです。いずれも前節で解説の通り、働き方を巡る環境変化に対応するためにも必須のアクションです。

M①（マインドセット）
「NSNI」（残るならしっかり、残らないなら急げ）の腹決めをする

M②（ミッション創造）

たとえ雇用されているとしても、気持ちの上では自分の会社を経営していると想定し1人事業主である「自分会社」のミッションを決める

M③（学び）

ミッション達成に向けた新たな学びを開始する

M④（見える化）

「自分会社」のパンフレットを作成してみる

M⑤（マルチ化）

1年以内に3万円ビジネスを副業で1つ立ち上げてみる

M①に関して言えば、第2章で示したシニアの役割「レジェンド（生き字引）」「コネクター（世話人）」「イノベーター（永遠の開拓者）」の3つのパターンのどれを自分の売りとして、これからのキャリアを構築していくかを腹決めすることにほかなりません。

M②に関しては、たとえこれから今まで通り「雇用」という形でキャリアを継続するにしても、独立して個人事業主的にキャリアを継続するにしても必要な羅針盤です。

M③に関しては、ほかの４つのMを推進するための燃料源です。あなたが打ち立てた崇高なミッションを達成するために何か新たな学びのルートを開通させる必要があります。学びを継続するためには、目的と環境が必要であることはすでに説明させていただいた通りであり、「ライフシフト大学」などの学びの場に飛び込み自分に枠を与えてあげるのが面倒なようでいて一番手頃なのです。

M④に関しても、雇用でキャリアを継続する場合でもぜひ作成ください。あなたの思い、キャリアの概要、価格などがパンフレットを作成することで「見える化」されます。

M⑤に関しては、「勤務先では兼業副業が認められていない」という方もあるかもしれません。その場合でも解禁の際にはすぐにGOできるように準備を進めておくべきです。

3万円ビジネスを1つ行なうことで、知識・スキル、人脈、収入源の3つのマルチ化が一挙に実現します。

企業人事部に対するメッセージ

65歳以降の雇用に関する企業の意向・ニーズに関する調査結果があります（独立行政法人労働政策研究・研修機構「高年齢者の雇用に関する調査」2019年）。

この調査を見ると、65歳以降の雇用・就業のあり方に関しては、「会社の基準を設けて適合者を雇用したい」「企業として希望者全員をできるだけ雇用したい」と考える企業が多くなっています。

雇用確保が必要と考える理由については、「意欲と能力があれば年齢は関係ない」、「能力・知識を活用したい」という企業が多く、企業もシニア社員を積極的に活用したい意向を持っていることがこの調査からうかがえます。

しかしながら、筆者らが周囲から見聞きする実態は、このアンケート調査結果が実現されているとはいいがたいものです。

ある定年再雇用者の実感です。

定年後再雇用で年収が40パーセント減り、仕事の量・質も50パーセント減った。そしてモチベーションは80パーセント減った。

与えられる業務は、権限も責任もなく、そのシニア社員のために残してあげたような仕事になっているケースもあります。要はやらなくてもよい（成果を期待されていない）仕事や、ほかの仕事とくっつけてしまえば済む仕事をあえてシニア向けに残しているケースです。

また、以前の部下や後輩が上司なので、上司も厳しいことを言えず、結果として再雇用者は時間を持て余しているような状況も職場によっては、現実化しています。

厳しい見方ですが、企業は「法律ができたので再雇用制度を作った」、一方従業員は「できるだけ会社にぶら下がっていよう」――そんな両者の思惑が合致したのが現状で、「本気でシニア人材を活用する気がないのでは？」と疑わせるような状況です。

定年後研究所（東京・港区）とニッセイ基礎研究所による共同研究の試算では、50歳代が役職定年でやる気を失うために生じる経済的な損失は，年に約1兆5000億円にのぼると試算されています。シニア層の活性化は一企業のみならず日本経済の浮沈を左右する重要課題になっているのです。

従来は、企業は層別研修のメインはこれから管理職になる若手中心でシニア層は、「もう終わった人」とみなして、あまり積極的に人材育成に取り組んできませんでしたが、これからはそうはいきません。

バブル世代、団塊ジュニア世代が今後定年退職を迎え、まさにミドルシニア世代が企業の中でボリュームゾーンになってきます。また、働く期間が長期化し変化の振れ幅が大きい時代には、変化への対応力を高めるためにもミドルシニアへの教育投資なしでは耐え切れません。

自分の進路を考え、キャリアをデザインし、能力向上機会を貪欲につかみ取る意欲あるミドルシニアに対して、積極的にさまざまな知識創造のチャンスを与えてくれる組織になることで人生100年時代の安心感が達成されます。

若手とシニアの世代間の助け合いを重視し、シニアが価値を生み出す「終身知創」の意欲を引き出し、シニアにも参画を求める「青銀共創」（第1章を参照願います）の実現こそ人事部が担うべき役割です。

おわりに

本書を最後までお読みいただきありがとうございました。ミドルシニアの皆さんにとっては、耳をふさぎたくなるような未来予想や若手とミドルシニア間に発生している世代間フリクションなど厳しい話も随所で書かせていただきました。

著者の徳岡も木村も１９８０年代に入社し、20代を生産工場や会社の独身寮といった生きた現場でキャリアを積んできたシニア世代です。実務に精通した叩き上げの先輩から怒られながら社会人として生活するうえでの基本動作から仕事の進め方までまさにマンツーマンで指導を受けてきました。こうした経験を土台にしてどうにか60代の今までキャリアを歩んで来ることができたのだと思っています。

止めることのできない労働力人口減少の流れの中で、日本の活力向上に貢献する潜在的なパワーを有しているのがシニア層やそれに続いてくれているミドル層ではないかと思うのです。日本には、高度成長という時代の恩恵も受け、終身雇用制という長期でじっくり時間をかけた人材育成方法により、知識も経験も豊富なミドルシニア層という厚みある人的資源という無形資産がたっぷりあるのです。目に見えない閉塞感に覆われた日本社会ですが、自分たちが受けてきた恩を返すという意味でも、若手層があとに続きたいと思えるような新たな働き方を提案していくことが現在のミドルシニア層の役割であり責務だと思うのです。

第1章で予想したように、これから始まる大きな価値観の変化の中でミドルシニアが活躍を期待されるフィールドは広がっています。ミドルシニアがもっと社会の前面に出て価値を生み出していくという役割を担っていくことこそ個人としても企業としても日本としても重要です。

本書は、ミドルシニアの皆さんへの応援メッセージです。「人生100年&80歳現役時代」を同志としてともに生き抜いていきましょう。

2021年8月　徳岡晃一郎　木村　勝

徳岡晃一郎（とくおか こういちろう）

株式会社ライフシフトCEO、多摩大学大学院 教授・学長特別補佐、多摩大学 社会的投資研究所 所長、多摩大学 ルール形成戦略研究所 副所長、知識リーダーシップ綜合研究所所長
1957年生まれ、東京都出身。
1980年東京大学教養学部卒業後、日産自動車に入社。人事部門、オックスフォード大学留学、欧州日産（アムステルダム）などを経て、1999年よりフライシュマンヒラード・ジャパンにてSVP／パートナー。人事、企業変革、社内コミュニケーション、リーダーシップ開発などに関するコンサルティング・研修に従事。2006年より多摩大学大学院教授を兼務し、研究科長などを歴任。知識創造理論を基にした「Management by Belief (MBB:思いのマネジメント)」を一橋大学野中郁次郎名誉教授、一條和生教授と提唱している。還暦を機に2017年ライフシフト社を創業し、ライフシフト大学を開校。『イノベーターシップ』『40代からのライフシフト実践ハンドブック』『終身知創』など著書多数。

木村 勝（きむら まさる）

リスタートサポート木村勝事務所代表、中高年専門ライフデザインアドバイザー、電気通信大学特任講師
1961年生まれ、東京都出身。
1984年一橋大学社会学部卒業後、日産自動車に入社、人事畑を25年間歩みつづける。本社・工場人事部門を経て、中高年の第二の職業人生を斡旋する部門の部長として、出向転籍業務に従事。2014年独立し、人事業務請負の「リスタートサポート木村勝事務所」を開設。独立後の現在も特定の人材紹介会社に所属することなく、ニュートラルな立場で自分の会社の人事部には相談できないミドルシニアビジネスパーソンのキャリアの悩みに対して個人面談やセミナーなどを通じて支援している。著書に『働けるうちは働きたい人のためのキャリアの教科書』『知らないと後悔する定年後の働き方』がある。

ミドルシニアのための
［日本版］ライフシフト戦略

2021年10月14日　第1版第1刷発行

著　者　徳岡晃一郎・木村 勝

発行所　WAVE出版
〒102-0074　東京都千代田区九段南3-9-12
TEL 03-3261-3713　FAX 03-3261-3823
Email info@wave-publishers.co.jp
URL http://www.wave-publishers.co.jp

印刷・製本　中央精版印刷

ISBN978-4-86621-376-7

NDC366　216p　19cm